明日切腹させられないための

図解

戦国武将のビジネスマナー入門

スエヒロ

はじめに

戦国時代と現代社会の共通点はなんでしょうか？
社会人という立場からみると、足軽は現代風に言えばサラリーマン、
大名は代表取締役社長でしょうし、課長はちょうど足軽大将くらいですかね。
敵国をライバル会社と例えるなら、合戦は競合他社とのシェアの奪い合い。
業務提携は同盟、給与の支給額は家禄の石高、なんて風に
戦国時代は意外とビジネスと言い換えられるかもしれません。

本書では、そういった戦国時代とビジネスシーンの共通点から、
サラリーマンが戦国時代をサバイブする、
もしくは武将が現代社会をサバイブするための
ライフハックを集めた「ビジネス指南書」のような一冊です。
それ役立つの？　意味あるの？　と真顔で問われると、
伏し目がちに苦笑いするしかないところではありますが、

社会人として現代社会を生きていくうえで、もしかすると
いつかどこかでひょっとしたら役立つタイミングがある（かもしれない）、
くらいの気持ちで、本書をうっかり手にとっていただけると、
ほどよく読み進めていただけるような気がします。

本のなかでは、歴史上の人物やできごとを現代社会になぞらえて（もしくはその逆）、
さまざまなサラリーマン的なノウハウやライフハック、
ビジネスマナーのようなものを書き連ねております。
日々過ぎゆくサラリーマン生活にちょっとお疲れになったときや、
出口の見えない就職活動の前途多難さに心が折れかけたとき、
もしくはうっかり現代から戦国時代にタイムスリップしてしまったときなどに、
本書を手にとって、通勤通学の折にでも「あはは、うふふ」と
ひとときリラックスしていただければ幸いでございます。

スエヒロ

もくじ

第1章 成功する武将デビュー

身だしなみのマナー

謀反にふさわしい服装 …… 10
出世する武将の必須アイテム …… 14
実例で学ぶ戦国アイテムの使い方 …… 16

立身出世への道

ブラック大名を見分ける …… 20
切腹させられないためのPDCA …… 22
出世するためのフローチャート術 …… 24

言葉の使い方

合戦や評定で使うビジネス用語 …… 28

番外編 ブックガイド　武将が読むべき1冊 …… 30

第2章 出世する武将のコミュニケーション術

コミュニケーションの基本

いくさシーンでの正しい名乗り方 …… 34
謀反シーンでのあいさつ …… 36
矢文の送り方と受け取り方 …… 38

フレーズで学ぶビジネス敬語

上様から目下の者まで、他人の呼び方 …… 40
目上の武将に使う日常の敬語 …… 42
謀反の場面で使う敬語 …… 46
天下人に学ぶ敬語 …… 48

社内コミュニケーション

伝言メモを使った重要な遺言の伝え方 …… 50
「楽市・楽座」を告知する社内文書の書き方 …… 52
酒の席で槍を取られないマナー …… 54

謝罪とお詫び

手土産や塩を送る時の注意 …… 56
武将に学ぶ謝罪のフレーズ …… 58
切腹が必要なケース・不要なケース …… 60

番外編 ネット上でのコミュニケーション　ＳＮＳを使った上手な外交 …… 62

第3章 ライバル武将に差がつく仕事のルール

電話連絡の処理

上洛を勧誘する電話への対応 …… 66

奇襲を知らせる緊急連絡への対応 …… 68

ビジネス書類の決まり

お屋形様に提出する日報の書き方 …… 70

塩を送る時の送付状の書き方 …… 72

刀狩りの企画書の書き方 …… 74

火縄銃を購入する場合の稟議書の書き方 …… 76

南蛮貿易での領収書の書き方 …… 78

加賀の一向一揆を報告書にまとめる …… 80

主君に背いた際の始末書の書き方 …… 82

会議・打ち合わせのマナー

合戦や来日のアポイントメントをとる …… 86

太閤検地で先方を訪れるときのあいさつ …… 90

いくさに勝つプレゼンテーションの基本 …… 92

清須会議の議事録のとり方 …… 94

ビジネスメールの書き方　基本編
合戦時の勤怠や出張を知らせるメール …… 96
築城作業を依頼するメール …… 98
合戦への不参加・お断りのメール …… 100
七本槍へ打ち上げのお誘いメール …… 102

差がつくビジネスの知識
合戦後に発行される給与明細の見方 …… 104
雑談力アップの早見表 …… 106

番外編
余暇を有効活用　社内サークル活動のチラシを作成する …… 110

第4章
天下人になるためのスキルアップの方法

チェックリストで考えてみよう
上司と部下のための下克上チェックリスト …… 114
三本の矢のプレゼン前にするチェックリスト …… 116
三段撃ちのチェックリスト …… 118

ステップアップのルール

いくさと日常業務を評価する人事考課 …… 120
人事発令フォーマットの見方 …… 122
履歴・職務経歴書の書き方 …… 124
天下統一の事業計画書の作り方 …… 126
戦国シーンで使える最新ビジネス用語 …… 128

ビジネスメールの書き方　実践編

軍師業務を打診するメール …… 132
幕府移転のお知らせメール …… 134
一夜城築城の進捗ヒアリングメール …… 136
将軍の送別会へのお誘いメール …… 138

番外編　お世話になった人へのマナー　退職する人への心遣い …… 140

コラム

その1　足軽サラリーマン …… 27
その2　参勤交代の通勤電車 …… 32
その3　オシャレの枯山水 …… 45
その4　桶狭間のサプライズ …… 64
その5　戦国のファミレス …… 85
その6　信長の合コン …… 89
その7　小豆の袋で気持ち伝わる …… 112

第1章

成功する武将デビュー

基本のマナーさえ知っておけば、
いくさや謀反もこわいものなし！

◎身だしなみのマナー

謀反にふさわしい服装

「本能寺の変」の事例に学ぶ「もしも」の謀反に備える服装

織田信長が明智光秀に討たれた本能寺の変では、「白い寝間着姿」で応戦する信長の姿がよく描かれます。謀反という突然のシチュエーションにもかかわらず白い着物姿がスマートで凛としたイメージのある信長。これは信長の普段の意識や準備の賜物かもしれません。現代人が謀反に遭遇したら、**パンツ一丁**か**だるだるのタンクトップ姿**とかで応戦することになるのは想像に難くありません。

天下に名乗りを上げる謀反を起こしたり起こされたりするシチュエーションでは、まわりの注目があつまる場だけに、服装のチョイスには気を遣いたいもの。急な謀反だからこそ**武将の器**が問われる場面ですので、起こす方、起こされる方とも**「謀反にふさわしい服装」**を事前に準備しておきましょう。

基本のポイント

① 色・柄

謀反を起こす張本人の場合は見栄えの良い色や柄を選ぶ。奇襲の場合はトーンを抑えて。

② 素材・材質

つくりの丈夫さを重視。高いもの=必ず丈夫ではないので注意。

③ 形・デザイン

基本的にはシンプルなものを意識。独自性を出したい場合は変わり兜で。

謀反を起こす側の服装

▶ **謀反を起こす側の服装は、まずは「相手を討ち取る」ということを第一に選択しましょう。また鎧や兜などの防具だけでなく、刀や弓矢、槍なども必ず持参しましょう。**

兜
サイズのあったものを選択。動きにくい変わり兜などはなるべく避けましょう。
兜の緒
緒は必ず締めましょう。謀反が成功して勝った後も緒は締めてください。
鎧
動きやすさと丈夫さを重視しましょう。汚れにも常に気を配りましょう。
武器
刀が基本。状況によっては槍や弓矢などを使用しましょう。火矢などもおすすめ。
はきもの
動きやすいものが基本。雨などが強い場合は替えも用意しましょう。

先輩武将の声　▶ 明智光秀さん(55)

comment

いざ謀反が始まると、現場はバタバタ。事前の準備の重要性を痛感しました。謀反が始まる前の準備で成否の9割が決まります。

謀反を起こされる側の服装

▶ 謀反を起こされる側は、就寝中などに謀反が起きる場合もあるので万全の準備は難しいでしょう。まずは眠りやすい服装を。寝間着はなるべく清潔感のあるものを着用しておきましょう。

髪型
髷を結える場合は結いましょう。謀反中、ざんばら髪になっていないか定期的にチェックしましょう。

武器
弓や槍など用いましょう。就寝前に枕元などに一通りセットしておけばさらに安心。

帯
寝間着が白色などシンプルなカラーの場合は、帯色でアクセントを。謀反中でも細やかなオシャレを意識して。

寝間着
白色など清潔感のあるカラーが◎。眠りやすさを重視して体にあったサイズのものを選びましょう。

足元
基本的には裸足で問題ありません。敦盛を舞う場合も裸足で○。

先輩武将の声 ▶ 織田信長さん(49)

comment

謀反当日は本当に驚きました。弓矢や槍などで対応しましたが、服装は寝間着のままでしたね。敦盛を舞えたのはラッキーでした。

謀反シーンで使えるそのほかの小物

刀

謀反の時に限らず、戦国パーソンの基本のアイテム。太刀や脇差し、小太刀など様々な種類がありますが、TPOにあった種類を選択しましょう。

槍

建物内からの侵入を防ぐ場合は槍などがおすすめです。リーチの長いものを選びましょう。

弓矢（火矢）

謀反を起こす側、起こされる側どちらにも効果的。ただし、火矢の使用は起こす側のみにしましょう。

かがり火

謀反が夜間にまで及ぶ場合は、かがり火などの照明グッズを必ず持参しましょう。

チェックポイント

慣れたものを着用する！

謀反では混戦になることも多いので、新しいものではなく使い慣れた装備を使用しましょう。

敦盛は日ごろから舞えるように！

「人間50年～」で知られる定番「敦盛」。謀反を起こされそうな場合は、事前に必ず練習しておきましょう。

出世する武将の必須アイテム

ビジネスの現場でできる武将が持っているマストアイテムは

戦国武将の肖像画には、刀や弓などの武器や、軍配や采配など、様々なグッズを手にした姿が描かれています。後世に残る肖像画ですから、もしかすると普段持ち歩いているもののなかでも**ちょっと良い一品**を持っているところを描かれているのかもしれません。現代人でいう**ちょっと高い腕時計**をつけているようなものでしょうか。

　同じように、出世している武将はさりげない小物にもこだわりを持っているもの。自分のスタイルやTPOに合わせたオシャレな小物使いで、武将としてレベルアップが可能です。合戦、評定、諜報、茶会など、ベーシックな戦国シーンで使える、**テッパン小物**を揃えておきましょう。

先輩武将の声

草履は何足懐に入れていた?

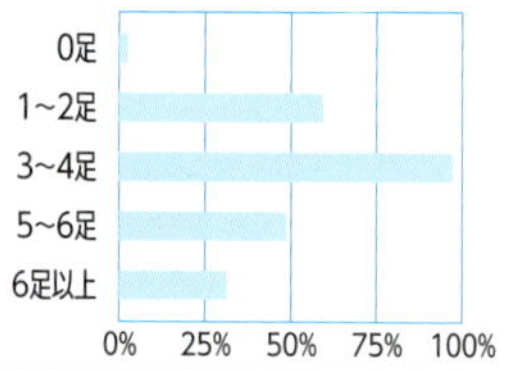

左の図にもあがっている草履。普段用、汚れたとき用、予備、と3足前後持っておくのが基本。草履持ちの場合0足は論外ですのでご注意を。

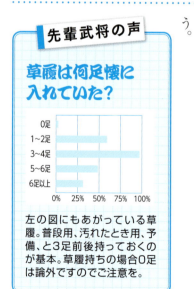

ビジネスに必須の持ち物リスト

アイテム	用途	アイテム	用途
刀	相手を斬る	**脇差し**	刀予備、切腹する
弓	遠距離で戦う	**矢**	3本で折る
槍	相手を突く	**馬**	合戦などで乗る
鎧	合戦で着る	**兜**	合戦でかぶる
篭手	合戦で手に着用	**すね当て**	合戦で足に着用
火縄銃	撃つ、三段にする	**変わり兜**	合戦で目立つ
軍配	指示を出す	**椅子（携帯用）**	陣で休む
采配	指示を出す	**のろし台**	連絡をする
扇子	敦盛を舞う	**草履**	懐で温める
法螺貝	吹いて知らせる	**蓑**	雨具
陣太鼓	叩いて鼓舞する	**忍者用品**	調略を行う
塩	ライバルに送る	**ホトトギス**	天下人用
脇息	ひじを休める	**陣羽織**	合戦で着る（後方用）
つづら	荷物を運ぶ	**ふんどし**	気を引き締める
茶器	茶を嗜む	**漆用品**	贈答・賄賂

チェックポイント

戦場での過剰な装飾品は避ける

過剰な装飾品は敵から狙われやすいので、シンプルなものを選びましょう。

軍配などは立場に注意

軍配・采配は指揮する立場になってから使うようにしましょう。

◎身だしなみのマナー

実例で学ぶ戦国アイテムの使い方

まわりの先輩武将を参考に、小物を効果的に使いこなす

せっかく揃えた小物も、使い方やタイミング、場面を間違えると逆にマイナスの印象を与えてしまうこともしばしば。上杉謙信の「塩」も武田信玄が**窮地に陥っているタイミング**だったからこそ劇的だったわけで、塩が有り余っているときに送っても、**むしろ嫌がらせ**にしかなりません。そこで、戦国の有名シーンでの小物の使い方を「どこで」「だれに」「どのように」というポイントに分解して、小物使いのコツとポイントを学びましょう。

これが鉄則！

① 事前の練習を行う

とっさの状況でも道具をうまく使うためには、事前の練習が必要です。敦盛などは舞えるようになっておきましょう。

② 代替品を用意しておく

急な場面では道具の用意が間に合わない時も。草履がなければわらじ、矢がなければ枝を使うなど、臨機応変に対応しましょう。

③ 道具に頼りすぎない

いくら道具があってもそれに頼りすぎない意識も必要。鉄砲などを用いても現場が雨でまったく効果が発揮できない場合も。

火縄銃 〜織田信長の場合〜

▶ 火縄銃は高価で取り扱いが難しいですが、その分効果は絶大ですので、積極的に活用しましょう。

HINAWA-JU

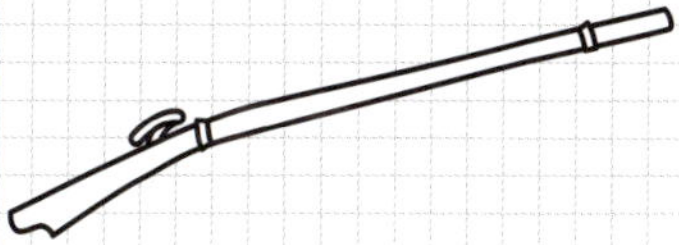

▶どこで

長篠など、合戦を行う場面

▶だれに

騎馬を使った合戦が多い武将

▶どのように

三列に並べて入れ替わり立ち替わり撃つ

矢（3本セット）〜毛利元就の場合〜

▶ いくさで遠距離の相手に使うことの多い矢ですが、使い方しだいでは同僚や部下との面談や会議の場などでも効果的に用いることができます。

THREE ARROWS

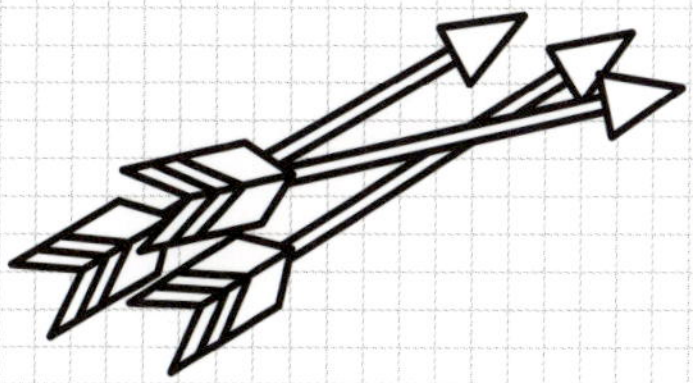

▶どこで

家臣との面談を行う場面

▶だれに

家の跡継ぎ（3名前後）

▶どのように

1本を折ったあったあと、3本をまとめて折る

塩 ～上杉謙信の場合～

▶ 調味料として知られる塩ですが、戦国の世ではうまく活用することで対外的な交渉ごとにも有効です。相手の塩の有無をしっかり確認して用いましょう。

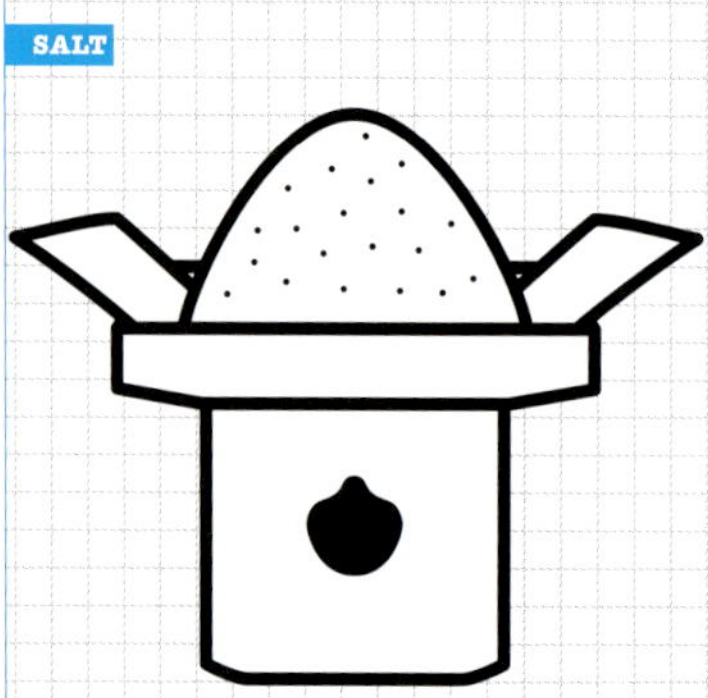

▶ どこで

近隣の武将と覇権を争う場面

▶ だれに

塩が不足している武将

▶ どのように

塩を送る、または塩の輸送を許可する

草履 ～木下藤吉郎の場合～

▶ はきものとしてスタンダードな草履ですが、扱いひとつで出世のきっかけになることも。単純な仕事でも「おもてなし」の精神でとりかかりましょう。

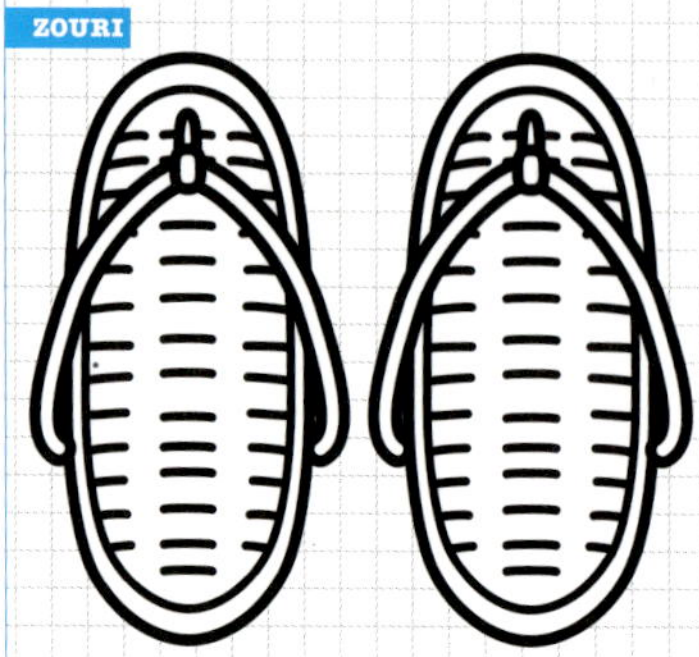

▶ どこで

冬場など気温が低い場面

▶ だれに

草履取りを担当している上司

▶ どのように

懐であたためておく

小豆袋 ～お市の方の場合～

▶コミュニケーションといえば会話や文などが一般的ですが、工夫ひとつで“小豆袋”でも様々な情報を相手に伝えることができます。

AZUKI-BUKURO

▶どこで

挟み撃ちに合いそうな場面

▶だれに

嫁ぎ先と敵対関係にある肉親や兄弟

▶どのように

陣中見舞いとして小豆袋を送って、挟み撃ちに合いそうな状況を伝える

扇子 ～織田信長の場合～

▶扇ぐ道具ですが、窮地に立ったときには能を舞うグッズとして使うことができます。天下統一を目前にしている場合、手薄な状態でお寺に泊まる場合などは必ず扇子をひとつ用意しておきましょう。

SENSU

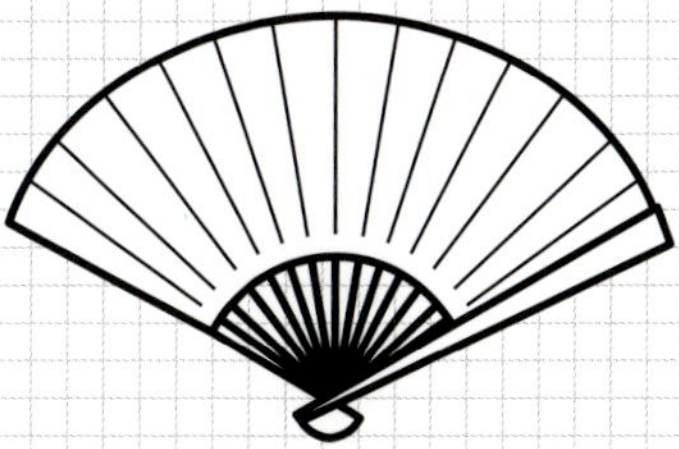

▶どこで

お寺などが燃えている場面

▶だれに

天下取り目前の武将

▶どのように

辞世の句を詠んだ後に敦盛などを舞う

◎立身出世への道

ブラック大名を見分ける

国選びで失敗しないために、注意すべき大名とは

現代社会で見られる「ブラック企業」。勤務時間が長すぎたり、勤務時間や仕事の内容に見合った給料が支払われないなど、労働環境が著しく悪い企業のことをいいますが、戦国時代にも同じようなケースがあったのではないでしょうか。

立身出世を志しても仕官した国の大名がいわゆる**「ブラック大名」**だとしたら、過重な合戦環境や違法な家禄条件などを課され、出世も見込めず、**気づけば切腹**、なんてことも。

そうならないためには、現代社会と同じく、その大名がブラック大名かそうでないのかを事前に見きわめることが大切です。次のページにあげている「ブラック大名の特徴」をしっかりと把握しておきましょう。また、仕えている大名がブラック大名か否かをすぐに見分けられる「かんたんチェック」を行ってみましょう。

よくいるブラック大名の特徴

常に人手が足りず足軽不足

ブラック度 ★★☆☆☆

合戦が間近に迫っているのに人手・足軽の人数がやけに少ない大名は、ブラック大名の可能性が。また、離職者が多い大名も注意が必要です。

上司が最新の武器を信用しない

ブラック度 ★★★☆☆

「火縄銃などの最新兵器を信用しない」「騎馬などの古い運用方法に固執する」といった大名の場合は注意が必要です。自軍の体制は事前に確認を。

上司がすぐに寝返る

ブラック度 ★★★★☆

合戦などですぐ敵方に寝返る場合は要注意です。時勢を読むのがうまい大名か、単に移り気・浮気症なのかをきっちり判断しましょう。

すぐに焼き討ちをする

ブラック度 ★★★★★

対立などがあった場合、すぐに「焼き討ち」の判断をする大名も注意が必要です。常識的な範囲で処遇を決めているかに注意を。

ブラック大名を見分けるかんたん3チェック

□日常的なパワハラがないか

評定の場で部下を足蹴にしたり、カジュアルに切腹を申し付けていたりしないか。

□論功行賞が適切であるか

手柄を立てた場合に正当な評価を行っているか。論功行賞が不透明でないか。

□一定の戦功を挙げているか

功を挙げずに、世襲などエスカレーター方式で君主や城主になっていないか。

◎立身出世への道

切腹させられないためのPDCA

乱世を生きぬくために必要な計画・実行・評価・改善

敵国を攻め、領地を増やし、開墾を行い、石高を増やす。内政に外交、調略などなど、戦国時代の大名が日々こなしているタスクは、現代社会のサラリーマンの多忙ぶりと似ているかもしれません。朝の満員電車も**合戦っぽいグループ感**ですし。逆に、現代社会のサラリーマンの仕事の進め方を戦国時代に当てはめると、もっと効率が良くなる可能性も。

たとえば**PDCAサイクル**の考え方を戦国シーンに適応して「計画」「実行」「評価」「改善」の4つのサイクルを意識すれば、**切腹リスク**を回避しながら、着実に領地を増やしていくこともできるかもしれません。

よくある切腹申し付けられ例

- 自身の木像が設置してある門の下を、上司にくぐらせてしまった
(千利休さん)
- 鷹狩りを口実にして集まり、謀反の談合を疑われた
(豊臣秀次さん)
- 跡継ぎや後任問題で起きた争いで敗れてしまった
(柴田勝家さん)
- 軍議の秘密を相手方の城内へ矢文で知らせたと疑われた
(古田織部さん)
- 大坂の陣で加担した陣営が、敗戦してしまった
(細川興秋さん)

PDCAの具体例

❶PLAN
どの国を攻める？

これまでの実績などのデータに基づき、次の合戦の計画を練ります。

❷DO
合戦

立てた計画にそって、実際にいくさを行います。

❸CHECK
評定

合戦が計画にそって行われたか、結果を確認します。

❹ACTION
加増・安堵・改易・減封

結果を受けて良かった点・悪かった点を分析し、次の行動を改善します。

こんなとき どうする？

大事な戦で負けてしまった!

たとえ負けいくさの場合でも、落ち武者となって落ち延び、次のPDCAにつなげていきましょう。

切腹を申しつけられた!

どうしても切腹を求められて次のPDCAにつなげられない場合は、切り替えて潔く切腹しましょう。

◎立身出世への道

出世するためのフローチャート術

タスクをフローチャート化し立身出世を可視化していく

合戦準備など膨大なタスクがある案件や、籠城などの長期スパンの案件、関ヶ原のように関わっている武将の人数が多いプロジェクトなどの場合には、進行が複雑になり、現代と同じく仕事の難易度が高くなる傾向があったのではないでしょうか。**火攻めじゃないのに炎上する案件**もあったことでしょう。

激戦の翌日、**足軽が急に城にこなくなったり**、徹夜で築城していたら**石奉行が奇声を発しはじめたり**、**連日連夜籠城させられたり**。そんな場面でこそひとつひとつのタスクをシンプルにしていくことが大切です。足軽や足軽大将、鉄砲隊、騎馬隊、軍師、武将、総大将など、それぞれの立場ごとに「フローチャート」を作成することで、目標を明確にしたうえで、合戦などに取り組むことができます。

次のページでは、木下藤吉郎の「草履取り案件」を参考に、実際のフローチャートの組み方を学んでみましょう。

フローチャート例「草履を温める」

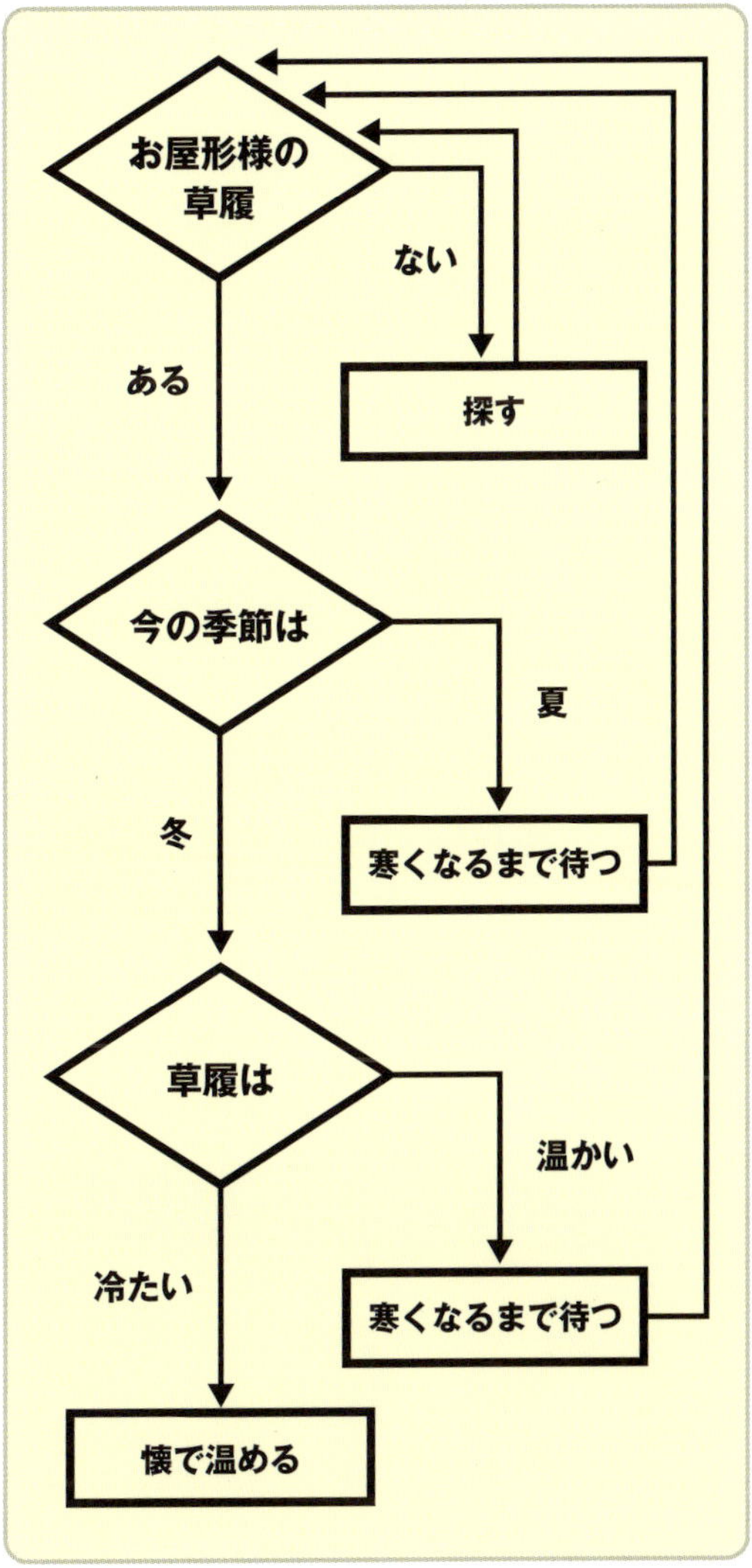

草履を温めてからのステップ

草履を懐に入れた後は以下のステップにそって作業を進めていきます。

①草履を懐で温める

②お屋形様が来る直前に懐から出す

③ひかえる

④お屋形様が草履をはく

⑤お屋形様が草履が温かいことに気づく

⑥お屋形様が草履が温かい理由を問われる

⑦草履を懐で温めたことを伝える

出世！

先輩武将の声 ▶豊臣秀吉さん

comment

草履は最初かなり冷たいのですが、まずはぐっとこらえて！ 「自分で温めた」というアピールも忘れずに行いましょう。

コラム：その1

title:

足軽サラリーマン

イメージではなんとなく一番下っ端感のある「足軽」というポジションですが、足軽隊を率いる足軽頭になると、家禄も数百石にまでなったそうですし、豊臣秀吉も足軽から出世していますし、そう捨てたものではないかもしれません。秀吉の例を今風にいえば、現場の叩き上げから社長にまで出世したサラリーマン、という感じでしょうか。むっちゃ残業してそうですし、秀吉。

秀吉のような“意識が高い系”の足軽がいた一方で、いわゆる普通のサラリーマンのような足軽も大勢いたのではないでしょうか。日々、合戦場に出勤して仕事をこなし、酒を飲んで上司の武将の文句をぼやき、槍を片手に千鳥足で帰路につくサラリーマン足軽。新橋あたりで酔っ払ったサラリーマンがネクタイを頭に巻く姿が、ちょんまげを結った髪がほどけて、ざんばら髪になった足軽の姿とダブらなくもないです。

戦国時代の映画や小説などでは、比較的カジュアルに足軽が死ぬので「やっぱ過酷だな、足軽」と思っていたのですが、土曜の早朝の繁華街を歩くと、花金の合戦を終えたサラリーマン足軽たちが、様々な姿で討ち死にしていたりするので、現代もそれなりに過酷だな、と思います。

合戦や評定で使うビジネス用語

これだけは知っておきたい、武将の基本用語をマスターする

　ビジネスシーンで使われる言い回しや用語と同じように、戦国時代の合戦や評定などのシーンでも専門的な用語や言い回しが使われていたのではないでしょうか。よくわからない言葉を聞いたときに、**曖昧な笑顔**でうなずいていると、たいてい**「あ、この人わかっていな」**とバレがちです。

　そうならないためにも、よく使われる基本の用語を正しく覚えておけば、現場での会話がスムーズになるだけでなく、**流言**などのより高度なコミニケーションスキルを身につける一歩となります。

　普段のビジネスシーンでよく使われる用語を正しく理解することはもちろん、とくに**君主**の前では言葉づかいひとつで**切腹を申し付けられる可能性**もあるので、よりいっそうの注意が必要です。

　「寝返り」「辞世の句」「謀反」などの言葉は、使い方を誤ると嫌疑をかけられてこちらも切腹を申し付けられる可能性があるので、口にする際には周りに注意しましょう。

すぐに使える用語リスト

用語	意味
領主	社長
兵卒	社員
敵国	御社
自国	弊社
敵兵	先方
評定	会議
上様	上司
矢文	メール
仕官	新入社

用語	意味
遅参	遅刻
城	自社ビル
石高	年俸
切腹	解雇
夜襲	残業
辞世の句	辞表
謀反	内部告発
寝返り	転職
論功行賞	査定

チェックポイント

大名の前での誤用に注意

誤用しやすい用語を大名の前で使う場合は要注意。うっかり切腹に気をつけましょう。

南蛮用語は使いすぎない

南蛮用語を使う場合はわかりやすさを意識して。使いすぎには注意しましょう(128ページ参照)。

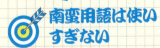

◉番外編　ブックガイド

武将が読むべき1冊

課題を解決し、意識を高めるため読んでおきたい必携の書

意識の高い武将と低い武将の差はなんでしょうか？　とっさの場面で謀反を起こす判断をしたり、懐で草履を温めるといったアウトプットのできる人と、裏切ったり、遅参したりする人とではなにが違うのでしょうか。優れた武将になるには、普段の生活のなかでどれだけ「自分は武将である」という認識ができているか、乱世に対する当事者意識の有無などが重要になってきます。

こうした「武将力」の高さは、一朝一夕では身につかないものの、普段の心がけで徐々に自身の評価や家禄などに返ってくるのではないでしょうか。

現代では、先人や同時代の成功者の言葉や体験が、ビジネス書や新書などの形で数多く出版されていますが、それは戦国時代も同じ。先人武将の言葉には、戦国の世で成功する様々な秘密が隠されています。天下統一への一歩は、書店で手にとったその一冊からはじまるのかもしれません。天下統一への一歩は、書店で手にとったその一冊からはじまるのかもしれません。

天下を揺るがす謀反を起こした明智氏、魂の傑作！

図解
明日下克上を起こすための
謀反力
明智光秀
AKECHI MITSUHIDE
謀反は起こす前がほぼ9割
本能寺の前で悩まない為の
武将必携の一冊。
天正10年6月度 武将支持率ナンバーワン獲得書籍！
羽柴秀吉氏、徳川家康氏、真田昌幸氏‥
全国の諸大名が驚いた！
謀反を成功させる92のヒント
「本能寺の変」で
日本中を話題さらった
明智光秀氏が贈る
奇跡のストーリー
あの衝撃から3日
緊急スピード出版！

コラム：その2

title:

参勤交代の通勤電車

参勤交代を「通勤」と考えると、こんなにハードな通勤はほかにないかもしれません。距離を考えるとむしろ「転勤」なのかもしれませんが、領地と江戸とを定期的に往復するわけなので「スパンの長い壮大な通勤」といえなくもない気がします。

参勤交代と我々サラリーマンの「電車が混んでいてツラい」「通勤時間が長い」などの通勤への不平不満を比較すると、少なくとも通勤中に重い駕篭とか背負わなくていいですし、とりあえず電車に乗っていれば会社には着くわけですので、まあ現代人でよかったな、と思えてきます。

しかし現代人からは過酷にみえる参勤交代も、じつは当時の人からすれば案外楽しいイベントだったという可能性はどうでしょうか。地元以外の様々な場所を、殿や同僚たちと歩いて旅をして、夜は皆で泊まって過ごし、江戸を目指す。参勤交代も意外と“慰安旅行”っぽいものだったのかもしれません。夜には同僚にうっかり恋愛相談なんかをしちゃったり。そんな参勤交代なら、ありはありかもしれないですね。

第2章

出世する武将のコミュニケーション術

日ごろから信頼される力をつけて、
戦や評定で大活躍

◎コミュニケーションの基本

いくさシーンでの正しい名乗り方

合戦の勝敗は第一印象で決まる「名乗り」で戦いを有利に！

名刺交換がビジネスシーンでの第一歩であるように、いくさ場で対決相手の武将と出会った際の「名乗り」は非常に重要かつ、基本的なマナーのひとつではないでしょうか。

名乗りが正しくできていないと、いくさがスムーズに進まないのはもちろん、相手武将の第一印象を変えることは非常に難しくなります。「あいつ最初噛んだよな」と思われている相手には、一騎打ちで勝てるものも勝てません。

いくさの際の「ときの声」や勝利したときにあげる「勝どき」も、ルールやマナーを守った方法で行い、相手に必要以上に不快な印象を与えないように注意しましょう。

○ 名乗りは手短に!

名乗りを終えるといくさが始まりますので、時間を取りすぎないように注意しましょう。また逆に相手の名乗りと比較して「短すぎる名乗り」も失礼にあたるので、長さは相手となるべく揃えましょう。

✕ 名乗り時の攻撃はNG!

相手が名乗っている最中には攻撃を行わないことがマナーです。自分の名乗りが終わるとすぐに戦いたくなることがありますが、相手の名乗りはかならず最後まで聞いてから、刀をぶつけあいましょう。

いくさでの正しい名乗り方

まずは大きく、はっきりと声を出す。
自分の姓名、身分を正しく伝える。
これまでの戦歴・戦功などを簡単に紹介する。
今回のいくさの正当性や参加理由などを端的に述べる。
相手の武将に勢いよく斬りかかる（声も出しましょう）。

いくさではこれも重要!　**ときの声をあげるときは……**

- 音頭を取る担当者は、大きな声で。
- 「えいえい」「おう」のタイミングを合わせる。
- 乗馬している場合は、馬の向きに注意（東向き）。
- 相手方を過度に蔑むような発言や行動は避ける。

◎コミュニケーションの基本

謀反シーンでのあいさつ

緊張しがちな謀反の場面では、シンプルな言葉を意識する

ビジネスシーンで重要な「あいさつ」。基本的なマナーだけにきちんと身につけておきたいところです。では、戦国時代に謀反の相手を訪ねる場面では、どんなあいさつがふさわしいのでしょうか。**これから討つ相手だとしても、面識があることも多いので**、上司・部下という関係性ならなおさら、あいさつは重要です。

また、突発的に行われる謀反でも、自軍の兵や相手方に**「これが謀反である」**ということを共有する必要があります。今後を決める重要な局面だけに、謀反の前のあいさつは**「簡潔」**に意図を伝えることが基本。「敵は本能寺にあり」のように、最初のあいさつしだいで**謀反の成否**が決まる場合もありますので、正しい**謀反前のあいさつのフレーズ**を身につけましょう。

○ 夜間は大きな声に注意

謀反は夜間に行われることが多いですが、大きすぎる声で迷惑をかけないよう配慮を。

× 謀反のキャンセルはNG

謀反のあいさつをした後の取り消しはNG。必ず、覚悟を決めてからあいさつを。

謀反に入るまでの流れ

①謀反の訪問先を決める

▼

②謀反の準備を整える

▼

③謀反先まで出向く

▼

④謀反のあいさつ

※③～④についてはシチュエーションによって前後する場合があります。

謀反はシンプルなフレーズで

▶ 謀反をすることはなるべく簡潔な一文で伝えましょう。まずは身近な話題から入るのも好印象です。「名乗り」「ときの声」と同じく、大きな声ではっきりと。

※フレーズ例

自己紹介から…

はじめまして明智と申します。敵は本能寺にあり。

近況から…

先週、新しい城に越しまして。敵は本能寺にあり。

シンプルに…

敵は本能寺にございます。

天候の話から…

最近、急に寒くなりましたね。敵は本能寺にあり。

趣味の話題から…

最近、能は舞われていますか？　敵は本能寺にあり。

矢文の送り方と受け取り方

アポイントメントに便利な矢文 基本的な使い方をマスター

同盟の打診や和議の調整などで、相手の城を来訪する場合や、相手が自軍の城を訪れる場合、武将たちも事前に来訪などについてアポイントメントをとっていたことでしょう。現代社会でも飛び込み営業は**だいたい断られますし**。

「矢文」をつかってアポイントメントをとる場合は、「いつ」「どこで」「だれが」「どのような目的」かを明確に矢文の文面に記してから相手方に射ることが大切です。矢文は一度射ると修正ができないため、文面に誤りがないか念入りに確認しましょう。

また、いくさの場合に戦場などを矢文で調整するような場合がありますが、敵国への矢文の場合は**へりくだりすぎない**ように、**一定の矜持**を意識した文面を用意しましょう。

相手に届かない場合がある

矢文は基本的に放ちっぱなしになるため、届かなければ内容が先方に伝わらない場合もあります。

奇襲の場合は使わない

矢文が見られることで、事前に奇襲の内容が漏洩することがあるので、注意しましょう。

矢文の送り方

- 文面はなるべく簡潔に、要件だけを記載する。
- 氏名・国名・目的などを必ず明記する。
- 矢に結ぶ際は文字の面が内側にくるように折りたたむ。
- 外れないようにしっかりと矢に結ぶ。
- 矢を射るときは人にあたらないように注意する。

矢文の受け取り方

- 受け取ったらすぐに文の内容を確認する。
- 届け先に指定がある場合は、内容を読まないように注意する。
- 受け取った文は念のため保管する。
- 矢はいくさなどでリサイクルする。

上様から目下の者まで、他人の呼び方

「上様」「おぬし」「そやつ」立場で変わる相手の呼び方

時代劇などで見かける二人称の表現「お主」。悪代官の台詞で「お主も悪よのう」という言葉を一度は聞いたことがあるかと思いますが、この刷り込みか、「お主」と聞くだけで必然的に「悪いやつと話してそう」と感じることも。人の呼び方は現代のビジネスシーンでも立場やシチュエーションに応じて変わりますが、戦国時代も同じだったのではないでしょうか。

領内の関係者、部外者、敵対関係にある人物、宿敵など、立場に応じて正しい呼び方を使い分けることで同盟や調略などをスムーズに運ぶことができます。間違った呼び方は、立身出世の妨げになる可能性もあり、とくに激情タイプの君主である場合は、礼を逸しない呼び方を厳守して、自分の地位や命を守りましょう。

体験エピソード

こんな呼ばれ方はトラブルの前兆？

同僚と一緒に会議や評定などに同席した際、上司が同僚に向かって「キンカン頭」というアダ名で呼んだことがありました。その場はとくになにもなかったのですが、後日、謀反という形でトラブルが起きてしまい、慌てて帰京する事態になりました……。（H柴H吉）

呼び方と立場の関係性

より丁寧・より目上

↓

よりフランク・より目下

呼び方
上様
殿
お屋形様
貴殿
貴公
その方
おのおの方
おぬし・おぬしら
そやつ・そやつら
うぬ・うぬら
こわっぱ
きゃつ・きゃつら

呼び方を間違えないためのチェックリスト

- □年齢は自分より上か下か
- □自分の家と家柄・家格の優劣は
- □どこかで血がつながっていないか
- □相手が敵方かどうか

目上の武将に使う日常の敬語

評定や合戦などの場面に合った丁寧な言葉遣いを意識する

ビジネスシーンでスムーズに仕事を進めるうえで「敬語」は基本かつ重要なマナーですが、戦国時代もそれは同じ。サラリーマンが自社の社長に会うと緊張するように、武将が君主に会うと緊張するのは当然、というか顔もあげないくらいの畏まりがデフォルトではないでしょうか。礼儀作法、とくに言葉づかいや敬語については細心の注意が必要です。

大名・君主へのあいさつや、いくさ場での伝令、同盟の依頼や破棄の通達シーンなど、戦国時代の様々なシーンで、正しい敬語を使うことが要求されるわけですが、TPOや相手との関係性に合った正しい敬語が使えないと、降格や島流し、切腹などの処遇のほか、敵国からも攻勢や包囲網を敷かれる、調略を仕掛けられるといった、様々なリスクの要因になる可能性も。

立身出世や天下統一実現のためには、日常的な場面で正しく敬語を使えることが第一歩。元服前から戦国敬語をきちんと身につけておきましょう。

日常シーンでの敬語を使った表現の例

普通の言い方	相手への敬意をこめた言い方
出陣する	出陣される
切腹する	切腹される
寝返る	寝返られる
きゃつが乱心	殿がご乱心
片腹痛い	片腹がお痛くなられる
手柄をあげる	お手柄をあげられる
面目ない	面目がございません
かたじけない	かたじけがございません
如何にも	如何にもでございます
痛み入る	お痛みお入ります

勝って兜の緒を締める	勝って兜の緒をお締められる
人は城、人は石垣	ご担当者様は城、ご担当者様は石垣
矢は一本だと折れやすい	私見でございますが、矢は一本ですと折れやすいかと存じ上げます
心頭滅却すれば 火もまた涼し	心頭滅却いただければ火もまた涼しいかと思いますがそのあたりいかがでしょうか？
疾きこと風の如く、 徐かなること林の如く、 侵掠すること火の如く、 動かざること山の如し	あくまで一例ではございますが、疾きこと風の如くとおっしゃられる方もいらっしゃいますし、徐かなること林の如く、侵略すること火の如く等のご意見もございます。また動かざること山の如しといった表現もございますので、ご参考にしていただければと思います

チェックポイント

いくさ場でも敬語は必要！

普段に比べるとややフランクになるいくさ場でも、最低限の敬語は必要です。

「無礼講」を鵜呑みにしない

上司が「無礼講」と言った場合でも鵜呑みは厳禁。ある程度の節度は守りましょう。

コラム：その3

title:

オシャレの枯山水

お寺などを訪れると「枯山水」に出会うことがあります。枯山水とは石や砂などで風景を表現する庭園様式で、砂利に描かれた模様で波を表現したりするあれですね。要素を省略して象徴化していく「引き算の美」が枯山水の魅力のひとつですが、この「引いていく」「あえて省略する」って感覚は、現代でも似たような感覚が意外とある気がします。

たとえば「家具が全然なくてコンクリート打ちっぱなしの部屋」とか「シンプルなノームコア風なファッション」などの“あえて感があるもの”といいますか。室町時代であれ現代であれ、オシャレさや素敵さみたいなものを煮詰めていくと、どんどんと洗練され単純化され、最終的には全部が枯山水みたいなものになるのかもしれません。

ジャンルは違いますが茶聖・千利休の服装も、よくよく見ればノームコア風に見えなくもないですし、表情もじっと見ていると「こういう感じの文化人たまにいるよな」という顔に見えてくるから不思議です。

スタバに行くといそうですよね、利休。

◎フレーズで学ぶビジネス敬語

謀反の場面で使う敬語

謀反を起こす側、起こされる側、それぞれのマナーと言葉

戦国の世で名声を高める場合や、天下取りに名乗りを上げる場合に「謀反」は効果的な手段のひとつです。しかし、家臣の立場から君主や上司に対して反乱を起こすわけなので、謀反中は非常に多忙かつタスクが満載です。そんなシチュエーションのなかでこそ、正しい敬語を使えるか否かが武将や大名としての力量を問われるともいえそうです。

謀反の際には言い回しや言葉尻が強くなることが多くありますが、謀反を起こされる側は、これ以上遺恨を残さないためにも、受け答えに際して感情的にならず、正しい敬語で謀反の対応をすることを意識しましょう。謀反を起こす側も、相手方は元上司ですので、最低限のマナーに則った敬語を使うことが大切です。

次のページでは、「本能寺の変」をモチーフに実戦的な敬語フレーズを紹介していきます。これから謀反をする方、または謀反を起こされそうな方は、場面を想像しながら敬語フレーズを練習してみましょう。

謀反シーンでの敬語を使った表現の例

普通の言い方	相手への敬意をこめた言い方
敵は本能寺にあり	敵は本能寺におります
如何なる者の企てぞ	失礼ですがお名前を伺ってもよろしいでしょうか
明智が者と見え申し候	明智様がお見えになられました
城之介が別心（謀反）か？	城之介様が謀反ということでしょうか？
是非に及ばず	是非に及びません
急ぎ、まかり出よ	大変恐縮ですが、急ぎ、ご退出いただければ幸いです
人間五十年、下天の内をくらぶれば、夢幻の如くなり	人の世の50年の歳月でございますが、弊社の比較によると下天の一日にしかあたらないとの結果もでており、儚い、といった印象でございます

これが鉄則！

① まずは謀反に慌てない

謀反の際には双方が慌ててしまうことが多いので、まずは落ち着きましょう。

② お寺が燃えても慌てない

滞在中のお寺などが炎上する場合もありますが、その際も慌てず行動を。

天下人に学ぶ敬語

役職のない武将が天下人と同じ言い回しを使うのはNG

織田信長、豊臣秀吉、徳川家康の三人の天下人を言い表した**「鳴かぬなら〜ホトトギス」**の川柳は、それぞれの性格を的確に表している句として有名です。加藤清正の「鳴け聞こう我が領分のホトトギス」もありますが、三人に比べると知名度が低くて**ややいたたまれない**ところです。

全国の諸大名や武将を従える〝天下人〟ですから、その発言や行動、リーダー論などに感化・影響される戦国武将も多かったのではないでしょうか。**「ロールモデルは信長氏です！」**とか意識の高い若手武将が言っちゃいそうですし。

天下人の言葉はあくまで天下人の立場があってこそ。一般の大名や武将の場合は、目上の大名の方や、同僚武将に失礼のないよう、立場を考慮した言い回しを意識しましょう。

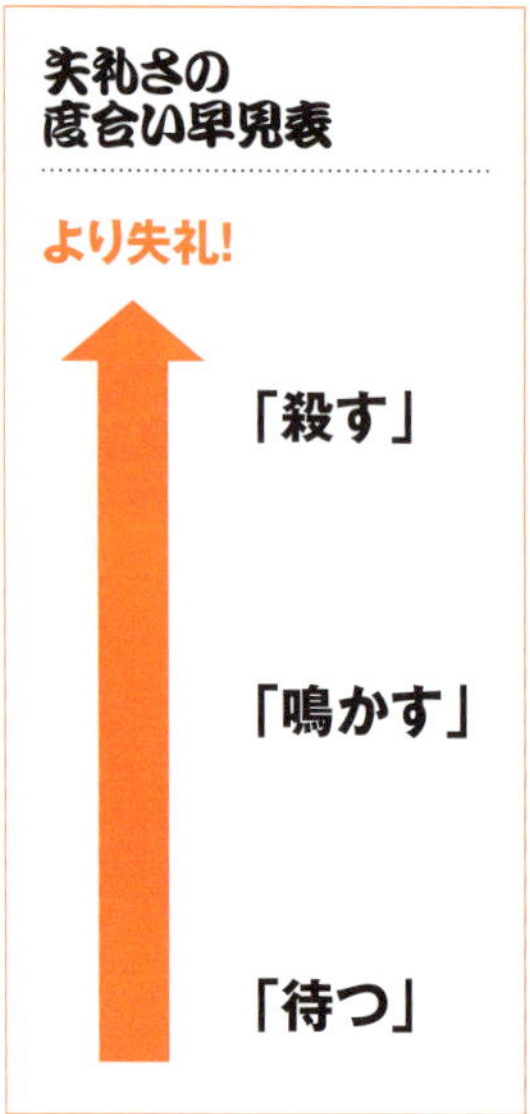
失礼さの度合い早見表
より失礼!

「殺す」

「鳴かす」

「待つ」

天下人フレーズの良い例・悪い例

✕	**鳴かぬなら鳴くまで待とうホトトギス**
○	鳴かぬなら鳴くまでお待ちしてもよろしいでしょうかホトトギス

先方(ホトトギス)が鳴くのを待つ場合は、断りをいれてから。訪問先の城などの場合は、迷惑にならない場所で待ちましょう。

✕	**鳴かぬなら鳴かせてみようホトトギス**
○	鳴かぬなら今日中に鳴く別案をお出しいたしますホトトギス

鳴かせる別案や代案を出す場合は、必ず「いつまでに」を併せて伝えましょう。できれば時間を伝えるのがベストです。

✕	**鳴かぬなら殺してしまえホトトギス**
○	鳴かぬなら、今回はご縁がなかったということでホトトギス

「殺す」という表現は天下人以外では絶対にNGです。「ご縁がなかった」など柔らかい言い回しに変えて伝えることが重要です。

チェックポイント

天下人にも良し悪しがある

天下人といっても真似ないほうがよいポイントも、良し悪しの見極めが大切です。

ホトトギスの気持ちも慮る

天下人に評されるホトトギスの気持ちも時には慮る意識を持つと、好感度の高い言い方に。

◎社内コミュニケーション

伝言メモを使った重要な遺言の伝え方

「三年隠せ」を伝えるメモは、名前や数字を正確に

武田信玄が遺したとされる「我が死を三年隠せ」という遺言。真偽には諸説ありますが、信玄の死はすぐに知れわたったとされています。あれだけ存在感のある武将が死んじゃったら、そりゃバレるよな、という話ではありますが、信玄の遺言のように、非常に重要な伝言を受けた武将はそれを正しく関係各所伝えなければなりません。

「我が死を三年隠せ」のような重要な事項を「伝言メモ」で伝える場合、メモを取る際には、相手の話した内容の主旨はもちろん、場所や人名、時間、数値などを正しくメモに残します。間違いやすい武将の名前（一文字違い）などは、漢字を含めて正確にメモに残しましょう。

伝言に必要な項目を和紙や巻物に筆でしたためて、事前にフォーマット化しておくのもおすすめです。領地内で形式を揃えておくと、急な奇襲（急だから奇襲なのですが）などがあった場合も、同一のフォーマットで情報を伝えることができます。

正しい伝言メモの書き方

✕ 悪い例

勝頼　様へ
信玄　様より(山本受け)

月　日15時頃

□進言がありました
□矢文がとどきました
□来訪されました
□遺言がありました

memo

わしの死は三年
隠せ

○ 良い例

武田勝頼　様へ
武田信玄　様より(山本勘助 受け)

4月12日 15:02頃

□進言がありました
□矢文がとどきました
□来訪されました
✓遺言がありました

memo

15:00頃、三河街道にいらっしゃる武田信玄様より遺言がありました。

死後の公表について「わしの死は三年隠せ」とのことです。

なにとぞよろしくお願い致します。

すばやく正しいメモを書くためのチェックリスト

□氏名はフルネームで正確に
□場所や時間は詳細に記述する
□前後の状況もできる限り補足する
□達筆すぎる文字は避け、読みやすい筆跡で
□メモ用紙の管理に注意。情報漏えいに気をつけよう

「楽市・楽座」を告知する社内文書の書き方

領民に広く告知する書類では、一揆のリスクへの配慮も

楽市・楽座といえば、独占販売などの特権を持っていた座商人の権利を排除して「自由取引市場」を推進した政策のことで、織田信長が発令したことでも有名です。内容はものすごく真面目なのですが、名称のせいで**なんとなく楽しそうなイベント**に感じられてしまうのが不思議です。

政策や施策は立て札などで知らされることが多いですが、現代のビジネスシーンで社内告知などが掲示板に貼りだされる場合と同じように、わかりやすい文書を心がけるようにしましょう。

宛名、署名、発信日時、件名（見出し）、内容、詳細用件といった内容を順に記し、とくに日時や場所などの重要事項は記載漏れのないように正確に明記します。楽市・楽座の場合は、座商人など施行によってネガティブな影響がでる対象がいるので、文言に配慮が必要です。

また、急な知らせの場合は**一揆のリスク**につながる場合もありますので、できるかぎり前もって告知を行うようにしましょう。

告知のための社内文書の例～「楽市・楽座」のお知らせ～

領民殿へ
織田信長

永禄10年10月3日

「楽市・楽座」の実施のお知らせ

領内の皆様、このたび独占販売権や、非課税権などの権利をお持ちの商工業者を対象として座の廃止をいたします。

つきましては下記要領にて、座の解散ならびに自由取引市場への参加をお願いしたく存じます。
市場への新規参入を期待しておりますので、みなさま奮ってご参加下さい。

記

1.名称 楽市・楽座
2.日時 永禄10年10月3日から
3.場所 全国の織田領地内

担当者 織田信長

チェックポイント

雨ざらしの場所に貼らない

社内文書を貼りだす場所は城やお寺の軒先など、雨の当たらない場所を選びましょう。

イラストなどは避ける

イベントの開催告知などの場合でも、社内に貼りだす場合は、イラストなどは避けましょう。

◎社内コミュニケーション

酒の席で槍を取られないマナー

酔ってうっかり槍を取られる… 〝黒田節〟から学ぶ酒席の注意点

酒は飲んでも飲まれるな、それは戦国時代でも同じ。上司や同僚から誘われたり、部下などを誘う場合など、お酒の席を有効活用できると、日頃の労をねぎらうだけでなく、親睦を深めるうえで非常に効果的なコミュニケーションの場にもなります。合戦仲間と心ゆくまで飲み明かし、ふんどし一丁で酔いつぶれて、二日酔いで合戦に参加してからが、一人前の戦国人なのかもしれません。

一方で、たとえ酒の席であっても一定のマナーや節度を守って参加しなければ、相手との関係に悪影響がでてしまう場合も。酒の席での発言や口約束が原因で思わぬ事態を招いたり、うっかり家宝が取り上げられるケースも。民謡で知られる福島正則と黒田長政の家臣・母里友信の黒田節エピソードでは、酒の席での口約束から家宝である槍の「日本号」を取られてしまいました。

同様の事態を招かないために、楽しいお酒の席であっても次のような点に注意しましょう。

黒田節に学ぶ、お酒を楽しむ場合の注意点

黒田節

酒は飲め飲め
飲むならば
日の本一のこの槍を
飲みとるほどに
飲むならば
これぞまことの
黒田武士

- ✕ 飲みすぎない、節度を保って飲む
- ✕ 巨大な盃などで競い合ってお酒を飲まない
- ✕ 「黒田の者は…」といった相手の上司を批判するような発言はしない
- ✕ 「何でも褒美を取らす」などとふっかけない
- ✕ 「これしきの酒も飲めぬのか」といった煽り方をしない
- ✕ 下賜された槍をあげたりしない

これが鉄則！

① 相手の飲める量を把握する

酒量を競う場合は、相手が飲める量をある程度把握してから勝負しましょう。

② 酔っていても約束は約束

たとえお酒の席でも約束すれば、一度あげた槍は相手のものになります。

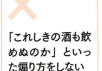

◎謝罪とお詫び

手土産や塩を送る時の注意

宿敵に送る贈答品の選び方と贈答する前に確認するポイント

お詫びや新年のご挨拶など、ビジネスシーンでは手土産を持参して会社を訪問することがあります。お歳暮やお中元なども含め、なにを贈るかは会社としてのセンスを**やんわり問われる場面**といえなくもないので、できればよい品を持って行きたいものです。謝罪やお詫びの場合はさらに気を遣う必要がありますが、サラリーマンとしては**「謝罪の手土産を選ぶセンス」**は**あまり磨きたくないセンスのひとつ**ではありません。戦国のビジネスシーンでも、**援軍のお礼や**

元服のお祝い、敗戦のお詫びなど、手土産を持参して先方の国や君主を訪れる場面では、お互いの関係や相手の状況などを考慮しましょう。

現場の声

▶T田S玄さん

comment

もらって嬉しかったこんな手土産

やはり「塩」ですね。海なしの場所に領地があるので塩を止められると死活問題。そんな状況のなかで「本当にいま必要なもの」をもらえると非常に嬉しいです。持つべきものはライバルですね(笑)。

手土産を用意するときの注意点～塩を送る場合～

1 先方が塩止めにあっている

塩を送る場合は、先方が陸路の封鎖などで塩止めにあっているかを確認しましょう。

2 先方の領地が海に面していない

塩止めにあっている場合でも、海に面している場合は、塩を送るのは避けましょう。

3 先方とライバル関係にある

塩を送る場合は、先方とライバル関係にある場合が望ましいです（こちらは推奨条件です）。

4 塩を持っている

塩を送る前に、まずは自国に塩の在庫があるかを確認しましょう。

これが鉄則！

① 適切な量を送る

いくら相手が塩不足でも、送りすぎは禁物。適度な量を意識しましょう。

② 四など不吉な個数は避ける

包みの数の合計が「四」（し）といった不吉な数にならないよう注意しましょう。

◎謝罪とお詫び

武将に学ぶ謝罪のフレーズ

土下座に切腹…失敗したときにこそ問われる武将の真価

仕事の失敗は、会社に損害が生じたり、自身の評価が下がるなどの影響がでますが、戦国時代の場合ですと「失敗＝死」とカジュアルにつながることも多いので、現代社会と比べるとよりシビアかもしれません。しかし現代人も戦国人もやはり人間。ときにはうっかりミスや、大きな失敗を犯してしまうこともあるかと思います。そんなときはミスを隠したりせずにきちんと謝り、失敗の原因を追求し次へと活かせるようにすることが大切です（次があればですが）。

ミスをしてしまった場合、まずは上司の大名や武将にそのことを報告しましょう。次にミスしたことの謝罪と反省を述べ、原因の追求や再発防止策を検討する、という流れが基本です。合戦の失敗や裏切り行為などは、戦国時代においては比較的頻繁に起きるため、「これくらいなら…」と軽微に捉えがちですが、後世に悪名を残さないためにもしっかりとした謝罪を行うことが必要です。次のページの、謝罪の場面でよく使うフレーズを覚えておきましょう。

ケース別・よく使うお詫びのフレーズ

いくさ
頻出度:★★★

このたびは、いくさで大変ご迷惑をおかけし、深くお詫び申し上げます。

謀反
頻出度:★★☆

このたびは、私の謀反で大変なご迷惑をおかけ致しました。お詫び申し上げます。

裏切り
頻出度:★★★

このたびは、裏切りという信頼を損なう行為について、大変申し訳ございませんでした。お詫び申し上げます。

遅参
頻出度:★☆☆

このたびは、私の遅参によって多大なご迷惑をおかけしましたことをお詫び申し上げます。

うつけ
頻出度:★☆☆

このたびは、葬式という場で灰をぶちまけるという非情な行為について、深くお詫び申し上げます。

チェックポイント

切腹を考える前にまずはお詫び

武将の場合、すぐに切腹を検討しがちですが、まずはお詫びをしてから考えましょう。

出家などの選択肢も

お詫びの種類については切腹のほかに出家などの選択肢もあります（次ページ参照）。

切腹が必要なケース・不要なケース

ミスや粗相の度合いに応じて その後の謝罪対応を精査する

ケアレスミスから会社の業績に影響を与えるような重大なミスまで、ミスの程度や内容によって謝罪のしかたにも違いがでてきます。トラディショナルな謝罪スタイルのとして定番の「土下座」も、やはり使う場面には注意が必要です。

戦国時代における謝罪も、細かいミスやケアレスミスと、天下分け目の戦いなどでの失敗とでは、やはり謝罪やお詫びの内容も違うものとなってきます。軽微なミスに対して切腹などの大きな対応をしてしまったり、重大なミスに対して軽い謝罪のみで済ませてしまったりすると、相手武将からの反感を買ったり、さらに無礼を重ねることになるので注意しましょう。

実際にどのような対応を取るかについては、上長の武将や大名、君主、征夷大将軍などに失敗の内容を報告してから、判断を仰ぎましょう。

お詫びの程度の考え方

ミスの程度	ミスの例	対応
軽微	平時の業務上のミス	口頭または文面による謝罪
やや影響がある	いくさ時の軽微なミス	文面と口頭による謝罪
一定の範囲に影響がある	不参戦、遅参	土下座による謝罪
広い範囲に影響がある	敵対、同盟破棄	隠居・出家による謝罪
重大・致命的	謀反、いくさでの裏切り、逃亡	切腹による謝罪

これが鉄則！

① 失敗の振り返りを行う

「遅参の原因となった城を無視すればよかった」など失敗の振り返りは必ず行いましょう。

② 二言はないようにする

武士には基本的には二言はありません。いざというときは男らしく切腹しましょう。

◎番外編　ネット上でのコミュニケーション

ＳＮＳを使った上手な外交

同僚が大名への嫁入りをＳＮＳで報告していたら？

世のなかにあふれるＳＮＳ。国元の友人の近況を知ったり、能やお茶など同じ趣味の知り合いと語らいあうなど、様々な活用法がありますが、仕事で付き合いのある大名や、同僚武将ともＳＮＳでつながっている場合、どのようなスタンスで付き合っていくのがよいのでしょうか。

仕事とプライベートをまったく分ける、というのもひとつですが、ＳＮＳをうまく活用すれば、普段のいくさや城での仕事を進めるうえでも、よりよい効果を生み出せます。競合大名の最新情報や、合戦場での最新トレンド、在野の武将との新たな出会い、同僚武将とのコミュケーションなどにも、ＳＮＳは効果的に用いることができます。

たとえば同僚がＦａｃｅｂｏｏｋで「大名への嫁入り報告」を投稿していた場合、やはり同僚武将としてだけでなく、仕事の垣根・石垣をこえて友人として「いいね！」を押してあげたり、祝福のコメントを書き込んであげることが、よいのではないでしょうか。

Facebookで結婚報告をするときの例

お市の方

5分前・近江

お疲れ様です、お市の方です。

この度、永禄10年9月2日に、近江の浅井長政さんと結婚しましたことを、この場を借りてご報告させて頂きます。

間を介していただきました美濃福束城主の市橋長利さんをはじめ、沢山の方の応援をお気持ちをうけて、わたしたち二人は結婚というゴールに辿り着くことができました。

また今回の結婚で、浅井氏と織田氏の同盟関係が結ばれたことも、兄の信長をはじめ親族一同、大変うれしく思っています。

政略結婚などと揶揄されることもありますが、これから二人で力を合わせて、戦国の世を二人三脚で進んで行きたいと思います。

最後になりました、長政さん。これからも末永く末永くよろしくお願い致します。

浅井長政とお市の方が結婚を発表、両国で同盟も- 戦国新聞

永禄10年9月2日、織田氏と浅井氏は両家の浅井長政とお市の方の結婚を発表。同時に両国の同盟の締結を公式ホームページ

news.sengoku.gdi

浅井 久政さん、他12,920人が「いいね！」と言っています。

コラム：その4

title:

桶狭間のサプライズ

今川義元は桶狭間で奇襲をかけられたとき、だれかのサプライズかなにかだと思いたかったのではないでしょうか。もしくはフラッシュモブか。日本三大奇襲のひとつとして数えられる「桶狭間の戦い」。織田信長サイドから見ると胸のすくような会心の勝利ですが、今川義元サイドからみると、信じられないまさかの敗戦なわけです。

（当時、直前に降っていたとされる）豪雨のなかからの突然の奇襲。戦力的には圧倒的に有利だった義元陣営は、酒宴を開いていたという説もあるそうなので、もう絵に描いて玄関に飾って愛でたいくらいのキレイな奇襲です。これだけ気持ちがいいと義元も奇襲をうけたとき「ドッキリ?」「ひょっとしてサプライズ?」くらいに思っていたのかもしれません。「まろの誕生日はまだでおじゃるよ～」的な（公家だから）。

急にかがり火が消えて暗闇に包まれる陣。突然の事態に慌てる義元の耳に、どこからともなく聞こえてくる「ハッピバースディ・トゥ・ユー」のメロディ。これまで一緒に頑張ってきた家臣たちが、ロウソクの刺さったモチを大事に運んでくる。合点がいった義元の顔がほころぶ。そんな桶狭間のパラレルワールドがあってもよいのかもしれません。

第3章

ライバル武将に差がつく仕事のルール

ビジネス文書やメールの文面、
日々の城勤め業務で成果を出す

◎電話連絡の処理

上洛を勧誘する電話への対応

過度な上洛テレアポや営業には覚悟を決めて断りを入れる

時折、オフィスなどにもかかってくる**テレアポ（テレフォンアポインター）**。丁重にお断りするケースが多いかと思いますが、なかには**粘り腰のテレアポ**に出会うことも。戦国時代のテレアポの場合には、火縄銃や武具、馬の販売の営業や、軍師のオリジナル戦術の案内、上洛の打診などが行われたのではないでしょうか。城勤めをしている場合、そういったテレアポの電話に対応する必要があります。

それが不要な商品や案内の場合には、**「うちは火縄銃は使っていない」「同盟は全て断っている」**など、しっかりとした態度で臨みましょう。

一方で、**徳川家康からの上洛の依頼**といった、国力や武力の差を背景にしたテレアポについては、慎重に回答を行う必要があります。要求を受け入れられないときは一定の覚悟を決めて、相手の言い分を逆手にとりつつ返答しましょう。ここでは、家康に対する直江兼続の返答から、毅然とした断り方を学びます。

家康からの上洛テレアポを断る～「直江状」の例～

❶上洛に興味がありますか? 上洛してみませんか?

❷先日、国替え直後に上洛したばかりです。
雪も深いのでむずかしいです。

愛

❸武器を集めてらっしゃいますか?
謀反に興味がありますか?

❹田舎武士なのでそれくらいしか集めるものがありません。謀反にも興味がありません。

愛

相手が家康でもはっきり断る
相手が影響力を持っている場合でも、無理な相談ははっきり断りましょう。

❺道や船橋の造営には興味がありますか?
謀反につながりますよ。

❻交通の便をよくしたい、という理由以外で興味はありません。やはり謀反には関係ないと思います。

愛

❼謀反にはやはりご興味ございませんか?
いかがでしょうか?

❽ありません。こういった太閤様のご遺命に背くようなお話は今後一切やめてください。

愛

断る場合はそれなりの覚悟も
相手が実力者の場合は、征伐などが決定される場合もあります。

◎電話連絡の処理

奇襲を知らせる緊急連絡への対応

急な戦いが始まっても迅速に対応する連絡フロー

奇襲として知られる「**桶狭間の戦い**」や、濃霧のなかで敵味方が出くわした「**川中島の戦い**」など、急に戦いが始まってしまうケースはよくあります。その際はビジネスにおけるトラブル対応・緊急対応と同様に、まず関係各所に迅速に連絡します。「本能寺の変」のような深夜帯の対応には**深夜手当て**がほしいところですが、まずは身の安全が最優先。緊急連絡と対応を速やかに行い、難局をのりきることが大切です。

急を要する知らせを受けたら、慌てず落ち着いて左のページにある内容をヒアリングしましょう。**旗印の確認も忘れずに。**謀反など、さらに緊急を要する事態の場合は、すぐに主君に**大声で危機を知らせましょう。**

「本能寺の変」での連絡フローとその後の流れ

①森蘭丸が騒がしいことに気づく
↓
②森蘭丸が寺の外の旗を確認する
↓
③森蘭丸から織田信長に情報共有
↓
④織田信長が状況把握
↓
⑤織田信長から以後の対応指示
↓
⑥応戦対応
↓
⑦敦盛対応
↓
⑧切腹対応

緊急連絡を受けた場合のフロー

STEP1 まずは使いに水を一杯あげる

↓

STEP2 ヒアリング

開戦の場合	急襲の知らせの場合	味方の裏切りの場合	謀反の場合
・いつ ・どこで ・どこの国と ・先陣は	・いつ ・どこで ・急襲相手 ・急襲の状況	・いつ ・どこで ・誰が裏切った	・いつ ・誰が ・逃げられそうか

↓

STEP3 上司の武将や大名に連絡（大声などで）

ワンポイントアドバイス

緊急の度合いにかかわらず、情報は自分のところに留めず、まずは上長に報告しましょう。謀反の場合は、連絡と並行して武器の用意なども進めること。

◎ビジネス書類の決まり

お屋形様に提出する日報の書き方

草履を温めた進捗や成果を日報の形式で報告する

豊臣秀吉は木下藤吉郎を名乗っていた時代、織田信長の草履を懐で温めたこまやかな気遣いのエピソードで知られます。しかし、これを信長が**うっかり気づかなかったら**どうなったでしょうか？**「なんか温かいな、草履」**くらいのリアクションで、温めたことに気づかなかったとしたら、ひょっとすると秀吉の立身出世はなかったかもしれません。

そんな秀吉の日々のがんばりは、**「日報」**を提出することで上司にも把握しやすくなります。その日の業務内容や成果などを報告することが目的の日報ですが、仕事の進捗把握だけでなく、出世への成果を本人が日々確認するという意味で大切です。合戦などに参加した日は、自分の活動や手柄を振り返り、**首級などの成果**について数を具体的に書きましょう。また次の合戦に向けた課題や目標なども併せて記すことで、大成への継続的な意識を持つことができます。

次のページでは、木下藤吉郎の実際の日報をもとに、具体的な日報の書き方を見ていきましょう。

お屋形様に提出する日報の書き方

業務日報

部署	織田家　草履取り部
氏名	木下藤吉郎

木下	織田

今日の目標
お屋形様の草履をタイミングよく出す
お屋形様が草履を気持ちよく履けるように心がける
自分にしかできない草履取りのスタイルを考える

時間	業務内容	備考
6：20	出勤	
6：30	今日のお屋形様のスケジュール確認	
6：50	草履のメンテナンス	
7：00	お屋形様待機（懐で温める）	
9：20	草履をお出しする	
9：30	領内散策に随行	
11：30	昼食	
14：00	休憩後、領内散策に随行	
17：00	帰城	
18：30	草履のメンテナンス	
19：10	明日のスケジュール確認・日報作成	
19：20	草履取り業務終了	
20：10	退社	

振り返り・反省・課題・目標
懐で温めたことについて評価をもらう 適度な温度についてはもっと精度をあげる（人肌を目指す） 立身出世に向けてもっと具体的な目標を立てる

チェックポイント

ほかの武将の日報にも目を通す

同僚武将などの日報には必ず目を通して、進捗を把握しておきましょう。

上長からのハンコを忘れない

日報を提出した後は、必ず上長からのハンコをもらいましょう。

◎ビジネス書類の決まり

塩を送る時の送付状の書き方

塩が先方に届いたか見届ける「送付状」の基本フォーマット

上杉謙信と武田信玄といえば**「敵に塩を送る」**エピソードが有名ですが、実際に塩が相手に届いたか、謙信はどのように確認したのでしょうか。現代のビジネスシーンでは、荷物やＦＡＸ、書類などを送付するときに**「送付状」**を添付します。１枚の書類を送る際に、さらにもう１枚送付状をつけたりすると**「この紙いる？」**と感じてしまいがちですが、送付する書類の概要や枚数を記載して、送り漏れなどを防ぐ意味で非常に重要なものです。

戦国のビジネスシーンでも、物資や献上品などを送ったり、矢文などで文書を届けるなどするときは「送付状」の添付が必要です。**途中で敵国の兵の手に落ちる、夜盗に襲われる、**などのリスクも高く、送ったものがすべて無事に相手の手元に届くとは限りません。万が一、荷物の一部が欠けても、送付状があれば確認できるので、必ず添付するようにしましょう。

敵に塩を送る場合の送付状

甲斐国
武田信玄様

越後国
上杉謙信

塩送付のご案内

拝啓

貴国におかれましては、ますますご清栄のことと心よりお慶び申し上げます。平素は格別のご高配を賜り、厚く御礼申し上げます。

早速ではございますが下記の物資をお送りします。ご査収の上よろしくご手配を賜りますようお願い申し上げます。

敬具

記

塩　一国分

以上

できる限り相手武将の名前を明記

荷物は城などに一括で届けられる場合が多いので、宛名は武将名まで明記しましょう。

刀狩りの企画書の書き方

どうして刀を狩る必要がある？企画書では目的を明確に

刀狩りといえば、安土桃山時代に豊臣秀吉が百姓から刀や槍、鉄砲などの武具を集め、兵農分離を進めた政策のことです。没収された武器は大仏の材料になるのでありがたく思え、というお触れだったそうですが、これだけ聞くと**どう考えても農民を騙す詐欺**とかにしか思えないです。10本刀を狩られるとゴールド農民にステップアップ。

さてそんな刀狩りのように、新しい企画、プロジェクト、法令などを領内などで提案する場合は、関係者に提出する**「企画書」**の作成が必要です。企画書はその企画の概要が明確に把握できるよう、わかりやすく端的に記述することがポイントです。書類には企画の名称のほか、目的、内容、目標、課題や懸念事項などを記載し、数値や日時はなるべく具体的に記述します。

また、その企画によって期待される**「〇〇の国がとれる」「〇〇の国力が弱体化する」**といった具体的な実施効果についても、可能な範囲で記載しましょう。

刀狩りの企画書

企画概要

提出日	天正16年6月8日
提出者	豊臣秀吉
企画名	刀狩り令
現状の課題と背景	天下統一がなされている状況で、農民が刀等で武装していることは、依然として一揆のリスクが存在しているということであり、問題がある。
企画の目的・趣旨	農民から刀を回収することで、兵農分離をはかり一揆のリスクを軽減する。
企画の内容	刀狩り令を発令して、農民から刀、槍、弓、鉄砲などの武器を一括で回収する。
目標	兵農分離
担当予定武将	石田三成
懸念事項	回収に伴い農民からの反発が予想される。（集めた武器を方広寺の大仏建造の釘などにリサイクルするという立て付けでの説明を検討中）

伝わる企画書を書くために気をつけたい5W1H

以下の点を意識するのがビジネス書類作成の鉄則です。

When=いつ
Where=どの領地で
Who=どの武将が
What=なにを
Why=どうして
How=どうやって

火縄銃を購入する場合の稟議書の書き方

稟議書は君主も見る重要な書類 実施目的や選定理由を明記する

1549年に種子島に伝わり、その後の合戦シーンを一変させた「火縄銃」。長篠の戦いで織田信長が効果的に運用して武田勝頼を打ち破ったというエピソードも有名です。刀や槍、弓矢の時代に**急に銃**ですから、現代風にいうと**ポケベルからiPhoneくらいのステップアップ感**があったのではないでしょうか。

火縄銃は最先端の武器だけに超高額商品。国として購入するにも莫大な費用がかかるため、やはり「稟議書」が必要でしょう。稟議書は予算上の決裁に用いられる、ビジネスシーンでよく見られる書類です。

作成の際は、次のページの「火縄銃購入の稟議書」を参考にしてください。作成後は信長などの上長に決裁印をもらいましょう。

✕ 根拠が乏しい

「鉄砲より騎馬のほうがすぐれているので馬を調達したい」といった根拠のない稟議はNG。数字や比較データなどを添えるのが基本です。

✕ 目的があいまい

「城を建てる」「鉄砲がほしい」と要望だけで目的が曖昧な稟議もNG。ともすれば謀反を疑われることもあるので要注意。

火縄銃の購入稟議書

稟議書

提出日：天正3年4月21日

所属：　黒母衣衆

氏名：　佐々成政

議題	長篠プロジェクトでの鉄砲隊の拡充を目的とした鉄砲購入費
目的	長篠の戦いで起用する鉄砲隊において、三段撃ちを実施するにあたり、鉄砲を3000丁を集める必要があるため、それに伴う購入費用を申請いたします。
購入内容	種子島式火縄銃一式 選定理由：射程距離や威力など合戦場において弓矢などの武器よりも効果的なため
数量	3000丁
価格	1200文 x 3000丁 ＝ 3,600,000文
支払方法	現金（代引き）
支払日	天正3年4月21日
発注先	ポルトガル

※見積書、参考資料などを添付してください。

火縄銃の購入見積書__1549.xls

所属長	君主

火縄銃の値段の妥当性などを提示する場合は、相見積もりをとりましょう。

南蛮貿易での領収書の書き方

火縄銃を購入する場合には必ず領収書を発行してもらう

「南蛮貿易」といえば、戦国時代から江戸時代に入るまで行われていた日本と南蛮（ポルトガル、スペイン）とのあいだの貿易のことですね。火縄銃や硝石、生糸、絹織物、銀、刀などが輸出入され、カステラ、金平糖、蒸しパン、飴、カスタード、ビスケットなどもこの時期、南蛮から伝わったとされています。その後の鎖国時代、唯一貿易ができた出島とかは、**イケアとかコストコ**っぽかったのかもしれません。

さてそんな南蛮貿易。商品と代金とを取引するわけですので、やはり「領収書」が必要だったのではないでしょうか。領収書は「代金を支払ったことを証明する」「支払った代金を再度請求されることを防ぐ」ための書類ですので、火縄銃など高額な品を貿易した場合には、必ず領収書を発行してもらいましょう。

領収書の発行忘れや記載ミスなどがあると、支払いで思わぬトラブルが発生したり、**鎖国沙汰**になることもあるので注意が必要です。

領収書の例（火縄銃の購入の場合）

①宛名
国として購入する場合は国名を記載。上様の表記は君主以外はNG。

②金額の表記
単位表記は文で領収証をきる。手書きの場合は数字の読み間違いに注意。

③発行日
西暦表示または和暦表示で記載。月日の記載があるかも必ず確認する。

領　収　書

NO:　1549
発行日：1549年11月10日

尾張国 様

金額　6,600,000文　也

但し　火縄銃代として

上記の金額正に受領いたしました

収入印紙

株式会社 火縄銃のアントニオ・ダ・モッタ
ポルトガル/シャム/寧波/種子島

火縄銃 モッタ

④但し書き
具体的な商品・物品名を必ず記載する。「武器代」といった書き方はNG。

⑤店舗印
販売元の店舗印が押されているか必ず確認。

加賀の一向一揆を報告書にまとめる

どうして一揆が起きたのか？ 時系列で確認する経緯報告書

加賀の一向一揆といえば、加賀の本願寺門徒らが中心となって蜂起した一揆のことです。一揆勢はその後、約百年余り加賀を支配し、加賀は**「百姓の持ちたる国」**と呼ばれました。現代人が聞くと、**農作物の生産量がすごく豊富な場所**に聞こえます。**米とか野菜が美味しそう。**

その後、一向一揆勢は織田信長の命を受けた柴田勝家の軍勢に滅ぼされるわけですが、一揆とその余韻が百年近くも続いたわけですので、やはり**「経緯報告書」**の提出が必要ではないでしょうか。

経緯報告書は、トラブルや不始末の経緯の一部始終を記載する書類です。合戦や領地内での事件など、起きたことを時系列で順に記すもので、経緯だけでなく原因、再発防止策、今後の対応などもあわせて記載します。加賀の一向一揆の場合には次のページのような経緯報告書を作成するとよいでしょう。

加賀の一向一揆経緯報告書の例

織田信長殿

天正8年11月24日
織田北陸方面軍
柴田勝家

加賀の一向一揆に関する経緯報告

長享2年から発生いたしました加賀の一向一揆の件についての経緯をご報告いたします。

記

長享2年	加賀で本願寺門徒による一揆が勃発
同	守護・富樫政親氏が追われる
天文15年	尾山御坊が建設され、北陸全体に一向一揆が拡大
弘治元年	一向一揆に朝倉氏が一次対応
永禄7年	一向一揆に朝倉氏が二次対応
永禄13年	上杉謙信氏、織田信長氏が対応
天正10年	石山本願寺の降伏、尾山御坊の陥落

原因
富樫政親氏が、本願寺から過去に援助を受けたのにもかかわらず、一向一揆の弾圧を行ったため。

今後の対応
各地の情勢を注意するとともに、織田信長を中心としたタスクフォースを結成し、抜本的な解決を行う。

以上

チェックポイント

次の一揆やいくさに活かせる内容に

経緯報告書の作成によって次なる一揆への意識を持つことが重要です。

なるべく早い提出が基本

経緯報告書はトラブルやいくさが一段落ししだい、すぐに提出しましょう。

主君に背いた際の始末書の書き方

謝罪と再発防止の意思を始末書にまとめて記す

明智光秀が謀反を起こして織田信長を討った**「本能寺の変」**、小早川秀秋が西軍から東軍に寝返った**「関ヶ原の合戦での寝返り」**。この２つは、戦国史、日本史のなかでも１、２を争う**サプライズな事変**ではないでしょうか。一方で、**ネガティブな印象**で語られることが多いこの２つ。謀反に裏切りですから、謝罪だけでなく**「始末書」**の提出が必要でしょう。

「始末書」は、**不始末の詳細、責任の所在の明確化や、再発させないことを誓約**する書面です。

謀反や合戦などでの裏切りは、近隣武将だけでなく周辺領民への影響も大きいため、速やかに始末書を提出し、事態の収拾をはかりましょう。

光秀と秀秋の２人が提出する始末書はこのような内容がよいでしょう。

これが鉄則！

① まずは自分のミスを認める

裏切りなどの行為でも、まずは自分の行為を認めることが第一歩です。

② 始末書の提出は切腹覚悟で

始末書の提出で落着する場合もありますが、やはり切腹になることも。

明智光秀による本能寺の変についての始末書

天正10年6月2日

始末書

私、明智光秀は、織田信長様より羽柴秀吉氏の毛利征伐の支援を命ぜられて出陣する途上、桂川を渡って京へ入る段階になって、「敵は本能寺にあり」と暴言を吐いた上で、命令を無視し本能寺に向かうという身勝手な行動をとりました。

また本能寺に向かったあと、主君である信長様を討つため本能寺に攻め入り、最終的に本能寺を炎上させるという状況を招きました。

これは主従の信頼関係で成り立っている武家社会の基本を、根本から揺るがす行為であり、全国の諸大名に対して「謀反や下克上で偉くなればよいのだ」といった、誤った認識を広める危険性をはらんだ行為であります。

武家社会で守られるべき最低限のルールを軽視した無責任な行為であり、主君ならびに織田家家臣の皆様に、多大なご迷惑をおかけしたことを深く反省しております。

また本能寺の所有者、並びに建設・運営に携わった関係各位の皆様に深くお詫び申し上げます。

今後は主従関係に対する基本姿勢を改めることで、二度とこのような不始末をしないことを誓うとともに、一連の不始末で損なった信頼を回復するために、最大限の努力をすることを、ここに誓い申し上げます。

なにとぞ、寛大にご措置くださるようお願い申し上げます。

天正10年6月3日
織田家 元家臣 明智光秀

小早川秀秋による関ヶ原の戦いの始末書

征夷大将軍　徳川家康様

始末書

わたくしは慶長5年9月15日、関ヶ原で開催された合戦において、当初所属していた西軍から東軍へ寝返るという不始末をおこしました。

天下分け目の決戦における、寝返り・裏切りという行為は、たとえ寝返ったあとの東軍が勝利したとしても、武将として決してゆるされるものではありません。

このたびの私の行為は、東軍側の武将の方々には、合戦場での武将としての在り方に不安を与える行為であり、西軍側の武将の方々には、敗走という取り返しのつかない結果を招いたものです。

私の合戦に対する軽率な考え方や、意識の低さが原因であり、弁明の余地はございません。東軍ならびに西軍の関係各位に対し、多大なご迷惑とご心配をおかけしましたことを、心より深くお詫び申し上げます。

今後は与えられた職務とその責務について強い自覚を持ち、再び同じ事態を招かないことを誓いますので、このたびは寛大な措置を賜りますようお願い申し上げます。

慶長5年9月17日
小早川秀秋

コラム：その5

title:

戦国のファミレス

ファミレスに行くとまわりにいる人を観察することがあるのですが、曜日や時間帯によって様々な人がそこに集っています。パソコンに向かうサラリーマン風の男性や、静かにグラタンを食べる老夫婦、活気あふれる子連れのママ会、物憂げなOLさんなどなど、バラエティ豊かな人間模様がそこに布陣されています。

戦国時代にもおなじようにファミレスがあったとしたら、やはりそこには様々な人間が集っていたのではないでしょうか。疲れ果てた落ち武者風の武将、若い町娘のグループ、どこかの殿様風の老人、変わり兜を脇において書に集中している男性、幼い当主と初老の家老。絵巻のような風景がそこにありそうな気がします。清洲会議も城ではなくファミレスで開催していたら、雰囲気だけでなく結果も変わっていたかもしれません。

机の上の呼び出しボタンを押すと、ホトトギスが鳴く声が響き、小姓風の店員たちが忙しく（でも足音を立てず）、すり足で走り回る店内。本日のパスタは“君主のきまぐれ焼き討ちパスタ～延暦寺風～”でございます。

◎会議・打ち合わせのマナー

合戦や来日のアポイントメントをとる

合戦の場所やスケジュールはアポイントメントがあると安心

上杉謙信と武田信玄の間で行われた**「川中島の戦い」**は第1次合戦から第5次合戦まで、5度にわたって繰り広げられています。一般的には、激戦となった第4次の合戦をさして「川中島の戦い」といいますが、これだけ何度も戦うと両軍とも**さすがに飽きてきそうな気もします**。「じゃ、合戦お疲れ様でした！」「また次回！」というようなやり取りもなされていたかもしれません。

また、これだけ合戦の回数を重ねているわけですから、次の合戦について信玄・謙信双方の間で**「アポイントメント」**を取り合っていたことも考えられます。ビジネスシーンでは、会議や打ち合わせ、相手方を訪ねるときなどに必ずアポイントメントをとりますが、合戦の場合には「いつ」「どこで」「誰と」戦うのかを調整しておけば、安心して合戦に向かうことができます。

また**「ザビエル来日」**のような遠方からの来訪の場合にも、アポイントメントは重要。「いつ」「どこで」「誰と」**「なにを布教するのか」**を必ず事前に調整しておきましょう。

合戦の場合（例：川中島の戦い）

①いくさの開催概要を伝える
なんのためのいくさなのかを簡潔に伝えます。

例）「お世話になっております、武田です。いくさの開催をお願いできますでしょうか？」

▼

②いくさの開催場所の調整
いくさの開催場所の候補を伝えましょう。

例）「川中島での開催とさせていただければと思いますがいかがでしょうか？」

▼

③いくさの開催日時の調整
いくさの開催日の候補を伝えましょう。

例）「開催日でございますが永禄 4 年の 9 月 10 日でいかがでしょうか？」

▼

④いくさの時間や流れの確認
当日の所要時間の目安や流れを共有します。

例）「いくさは 10 時間前後となるかと思います。それでは当日よろしくお願いいたします。」

ここに注意！

濃霧などの荒天で合戦の開始日時が遅れる場合もあります。開始・終了時間についてはバッファをもっておきましょう。また予備日も事前に確認しておきましょう。

来訪の場合（例：ザビエル来日）

①来日の概要を伝える

なんのために訪問するのかを伝えます。

例）「お世話になっております、キリスト教布教のため一度お伺いしたいのですが」

▼

②来日場所の調整

来訪場所の候補を伝えましょう。

例）「欧州からゴア経由で訪日しますので、
薩摩半島の坊津あたりだと都合がよいのですがいかがでしょう？」

▼

③来日日時の調整

来日の日時の候補を伝えましょう。

例）「来日ですが 1549 年あたりを予定しておりますが、ご都合はいかがでしょう？」

▼

④来日の人数などを共有

来日の人数やその後の流れなどを伝えます。

例）「私含め 3 名で来訪させていただきます。その後は全国で布教活動を
展開させていただければと考えておりますが、よろしいでしょうか？」

ここに注意！

鎖国されていないかはもちろん、布教などの場合は、該当の宗教が訪問先で禁止されていないかも、必ず事前に確認を。また庇護してくれる武将には手土産を用意しましょう。

コラム：その6

title:

信長の合コン

大きなガラスの向こうで、グロテスクな模様の熱帯魚が泳いでいる。信長はその前で、バーニャカウダのタレを温める固形燃料の火を眺めていた。ネオンとヘッドライトが街を艶やかに照らす夜。合コンという名の合戦の火蓋は切って落とされた。

「まじ信長だ、ウケる！」「ホトトギス、ちょ〜ウケるんですけど」「ちょんまげじゃ〜ん」。合コンは信長の話題を中心に進んでいく。話題というよりそれは嘲笑に近い雰囲気で。平成の世に生まれた彼女らと自分では、価値観や世界の感じ方の差は安土の石垣よりも高い。

「三番が切腹よろ〜」いつのまにか始まった名が殿様になっただけの「殿様ゲーム」で、指名された三番・信長は狼狽する。切腹かよ。天下布武を唱えた覇道の時はもはや過去。ビル立ち並ぶコンクリートの合戦場にかつての鬨の声はもうない。

彼女らの視線をこめかみに感じながら、信長はピザを切る歯車型のナイフを手に取り、腹の底から叫ぶ。「信長！エア切腹、いっきます〜」。その瞬間、夜空のスモッグの切れ目に、星が流れた気がした。

こんなラノベが戦国時代にあるとよいですね

太閤検地で先方を訪れるときのあいさつ

検地で外出先に出向いて行う打ち合わせ時のマナー

「太閤検地」といえば、豊臣秀吉が全国的に行った検地施策で、土地の調査を行い田畑の収穫量の基準統一を推進した施策です。政府の人がやってきて測量などをしてくれるわけですが、現代風に考えると、**税務署の人が家に突然やってくる**ようなものですかね。確定申告していますか？って。

検地に訪れる側のスタッフからすれば、太閤検地は外へ出向いて行う**打ち合わせのようなもの**です。社内の打ち合わせよりも、やはり気をつけるべきポイントや守るべきマナーは多くなります。

これが鉄則！

① 「太閤の代理」であっても、受け答えは丁寧に

たとえ太閤の代理でも、丁寧な受け答えを心がけましょう。

② 身だしなみにも気を遣う

先方を訪問するならば身だしなみにも注意。髷もきちんと結いましょう。

太閤検地で他領を訪問する場合のあいさつ

▶来訪時

「お世話になっております、豊臣政権の◯◯です」

「本日◯◯時に、太閤検地のお約束をしております」

「◯◯様はいらっしゃいますでしょうか?」

▶検地開始時

「はじめまして、◯◯と申します」

「本日は太閤検地のお時間ありがとうございます」

「それでは検地をはじめさせて頂きます」

▶太閤検地

「それでは検地は以上となります」

「検地結果については持ち帰り、追ってご連絡差し上げます。」

「本日はお時間ありがとうございました」

いくさに勝つプレゼンテーションの基本

事前に行うプレゼンの出来が、謀反の成否を決める

「敵は本能寺にあり」という言葉は、本能寺の変に際し明智光秀が言ったとされる台詞です。光秀は毛利攻めに向かう最中、この台詞とともに突如として本能寺へ赴き、歴史に残る謀反を起こしました。いわば決め台詞、**映画だと必ず予告編に使われる**ところですね。これだけドラマチックなできごとですので、本能寺の変とセットで覚えられていることが多い台詞です。前夜の光秀は**「明日これ絶対言うたろ……」**と布団で考えていたのかもしれません。

多くの人の前で自分の考えや意図を話す、というのは、現代で考えると**「プレゼンテーション」**が近いでしょう。謀反前のひとことや合戦まえの鼓舞は、いわば戦国時代のプレゼン。その内容しだいで、合戦の勝敗や謀反の正否にも影響がでてきます。

事前の準備やプレゼン時のポイントをおさえながら、しっかりと自分の謀反ビジョンを伝えることが大切です。

プレゼンテーションの注意点～本能寺の変の場合～

①大きな声ではっきりと

話す言葉は大きな声ではっきりと。普段よりゆっくり話すことを意識し「敵は・本能寺に・あり」というリズムで話しましょう。

②身振り手振り

言葉とともに身振り手振りを加えることも有効です。
采配や軍配を持っている場合は、それを振るのも効果的です。

③資料は盛り込み過ぎない

用意するパワーポイントなどの資料はシンプルに。
1ページに「自己紹介」「本能寺とは」「謀反を起こす理由」といった程度の内容を記載しましょう。

④事前に練習を

プレゼンの流れがまとまってきたら、必ず事前に話す内容を練習しましょう。誰かに見てもらってより効果的な「敵は本能寺にあり」の言い回しなどを調整しましょう。

⑤時間厳守

プレゼンの後に謀反などが予定されている場合は、時間厳守で。長いプレゼンは謀反のチャンスを逃すことになります。

これが鉄則！

①夜間はスライドの光に注意

謀反前などの場合はスライドの光で謀反がバレないように注意しましょう。

②信頼感を意識した服装を

謀反などのプレゼンでは必然的に注目が集まります。鎧兜などはフォーマルなものを着用しましょう。

清洲会議の議事録のとり方

首級や石高などの数字報告は正確に議事録に残す

本能寺の変の後、織田家の後継者や所領分配について有力家臣の間で話し合われた「**清洲会議**」。柴田勝家、丹羽長秀、羽柴秀吉、池田恒興らが出席し、その後の戦国時代の流れに大きな影響を与えました。これだけのメンバーが一堂に会するわけですので、自分が出席したら**確実にお腹が痛くなるタイプ**の会議です。

現代のビジネスシーンでも様々な会議が行われていますが、会議における参加者の発言や決定事項は「**議事録**」として残します。戦国ビジネスシーンの議事録では、**手柄や首級など合戦の報告や論功行賞、今後の上洛予定**などを必ず記録しましょう。

清洲会議のように、**後継者を決めるなど脂っこい議題の会議**では、あとあと「**言った言わない**」の問題にならないよう、議事録は正確かつ詳細に残す必要があります。

次のページでは、清洲会議の実例で、議事録のとり方を学んでみましょう。

清洲会議の議事録

清洲会議 議事録

テーマ	織田氏の跡継ぎ及び領地の再分配について	No.	1582
日　時	天正10年6月27日　10:00～18:00		
場　所	尾張国清洲城　大広間B会議室		
出席者	柴田勝家、丹羽長秀、羽柴秀吉、池田恒興（敬称略） ※滝川一益は出張のため欠席		

内容

●前回からの進捗報告
・6月2日に本能寺の変（インシデント）発生
・前当主の織田信長が討たれた
・当主の織田信忠も二条新御所で討たれた

●織田氏の継嗣問題について
・信長三男の神戸信孝を推したい（柴田勝家）
・信忠嫡子の三法師（織田秀信）を推したい（羽柴秀吉）
・長子相続の筋目論を支持する（丹羽長秀）
上記の結果、三法師（織田秀信）が信長の正統な後継者に決定。

●領地再分配について
・柴田勝家→越前・近江長浜
・羽柴秀吉→播磨・山城・河内
・丹波・丹羽長秀→若狭に加えて近江二郡
・池田恒興→摂津の池田・有岡に加えて、大坂・尼崎・兵庫
所領については上記でFIX。

●その他
・織田家内部の勢力図に大幅な変更があったので以後の情勢に注意（全員）

発言だけでなく、新しい領地など、会議で決定した事項も必ず記載しましょう。

敬称は省略してもOK。簡潔に仕上げましょう。

合戦時の勤怠や出張を知らせるメール

急な用事で合戦などを休む場合 必ず事前にメールで連絡

体調不良や急用で業務を休むときや、出張や外回りで終日外出するといった場合、勤怠の連絡をメールで行います。

同じように、合戦や籠城前には「勤怠メール」を送りましょう。合戦で長期にわたって不在になるケースや、籠城で外部から連絡がつきにくくなる場合などには、領内の関係者に知らせておく必要があります。羽柴秀吉が中国地方から京都で駆けつけた「中国大返し」も、突然のスケジュール変更かつ強行軍なだけに、関係者への連絡が必須のケースです。

また合戦時の遅刻・遅参の勤怠連絡の場合は、切腹や減封を申し付けられないよう、妥当な理由をしっかりと明記する必要があります。

○ 連絡はなるべく早く!

勤怠の連絡は早めが基本。謀反など突発的な場合でもなるべく早く連絡するよう心がけましょう。

○ その後の合戦予定も共有

長期にわたるスケジュール連絡の場合は「到着後、山崎でいくさに参加」など、その後の予定も共有しましょう。

勤怠を連絡するメール

差出人：HIDEYOSHI Hashiba <hh@oda.sngk>　送信日時：天正10年6月3日 23:45:21
宛先：織田氏 勤怠ML <kintai@oda.sngk>
件名：勤怠 羽柴

お疲れ様です、羽柴です。

直前の連絡となり申し訳ございませんが、
急用のため、明日、4日以降は毛利攻めをお休みします。

また明日から京都方面へ移動となるため、
10日前後は道中で連絡が取りづらい状態になるかと思います。
早馬や飛脚での連絡はみていますので、
急ぎの連絡であればそちらでお願いします。

また移動後もかなりバタバタしそうなので、
何かありましたら基本的にはこちらから連絡します。

戻りについては未定となりますが、
毛利氏との講和はまとまっていますので、
以後の対応は宜しくお願いします。

以上、宜しくお願い致します。

HIDEYOSHI Hashiba <hh@oda.sngk>
羽柴秀吉

～ 毛利氏攻略プロジェクト「中国攻め」絶賛展開中 ～
伊香郡/坂田郡/浅井郡/長浜/姫路城/ぞうり/一夜城/猿/墨俣城

築城作業を依頼するメール

まずは「築城依頼のメール」で、概要とキックオフミーティングの開催を知らせましょう。メールには、築城の目的や作業の概要、各スタッフの任務などを明記しておきます。

安土城の築城をメールで依頼
作業依頼は〝なるはや〟が基本

「安土城」は織田信長が現在の滋賀県の安土、琵琶湖の湖畔に築いた城のことです。信長自身の居城であり、大型の天守や絢爛豪華な装飾などで飾られた、戦国時代を代表する城のひとつでした。天守を持つ当時としては最大級の城ですので、琵琶湖のほとりにそびえ立つランドマークだったのではないでしょうか。ディズニーランドのシンデレラ城のようなものです。

そんな大規模な城だけに、築城に際しては、

○ 希望する納期を明記する

築城などを依頼する場合は、希望する納期を必ず記載しましょう。

○ 要求・仕様はファイルで添付

納期を見積もるために、依頼内容の要求・仕様などを必ず添付して送付しましょう。

安土城築城の作業依頼メール

差出人：N.Oda <nobunaga@oda.sngk>　送信日時：天正4年1月15日 11:20:11
宛先：丹羽長秀 <niwa@oda.sngk>,木村高重 <t.kimura@oda.sngk>,
岡部又右衛門 <okabe@oda.sngk>,羽柴秀吉 <hashiba@oda.sngk>
Cc：石奉行チーム <stone@oda.sngk>,瓦奉行チーム <kawara@oda.sngk>
件名：安土城築城のお願い
添付：安土城仕様書.xls

丹羽さん、木村さん、岡部さん、羽柴さん
Cc：石奉行チーム、瓦奉行チーム

お疲れ様です、織田です。

越前・加賀の一向一揆と上杉謙信への警戒のために
琵琶湖東岸の安土山に城を築城したいと思います。
納期については天正7年の春先をめどに天守への移転を
目標にできればと思います。担当の割り振りは以下。

・総奉行: 丹羽長秀さん
・普請奉行: 木村高重さん
・大工棟梁: 岡部又右衛門さん
・縄張奉行: 羽柴秀吉さん

石奉行、瓦奉行についてはチーム内から
3～4名ずつアサインしていただければ。

>丹羽さん
まずはキックオフのMTGのアレンジをお願いします。

大規模な築城になるかと思いますが、
みなさま何卒よろしくお願いします。

_/
織田信長
NOBUNAGA Oda <nobunaga@oda.sngk>
天下布武・第六天魔王・うつけもの・三段撃ち
_/

合戦への不参加・お断りのメール

関ヶ原の戦いに参加できない…お誘いを断るメールのマナー

「天下分け目の戦い」と呼ばれる**「関ヶ原の合戦」**。全国の諸大名が東軍・西軍に分かれて戦った戦国時代の最大規模の合戦です。全国の有力武将が集うわけですから、現代風にいえば**フジロックかサマソニか、もしくは紅白歌合戦**、といった一大イベントですね。全国の武将が東西に分かれましたが、東軍の**伊達政宗**は、上杉景勝などを牽制するため不参加。**フジロック当日にタワレコで働いている店員さん**のようなものです。

イベントや催しを欠席する場合は、メールの文面にマナーと配慮が必要です。同盟などの付き合いがある国や武将からのお誘いの場合は、同盟破棄につながらないよう、慎重に断りましょう。体調不良などが理由の場合は、相手からの信用を損なわないよう注意が必要です。

○ まずは「お詫び」から入る

先約や思惑がある場合でも、依頼等を断ったり不参加を表明する場合はお詫びを添えましょう。

× 別案件での領地拡大などはNG

依頼をお断りしておいて、同時期に表立って別件（混乱に乗じて領地拡大）の対応にあたることは避けましょう。

不参加を伝えるメール文面のみほん

差出人：伊達政宗 <m.date@oshuu.sngk>　　送信日時：天正10年6月3日 23:45:21
宛先：東軍全軍ML <all@teameast.sngk>
件名：関ヶ原の戦い参加の打診

東軍の皆様
お疲れ様です、伊達です。

参加を予定しておりました関ヶ原の戦いですが、
当日、上杉氏への対応が必要となったため参加が難しい状況です。

最上氏も同じく上杉氏への対応に当たりますので、
伊達氏・最上氏については、関ヶ原の戦い当日は不参加とさせていただければ幸いです。

この件については徳川家康様からも別途依頼を受けておりますので、
まずは上杉氏への対応を再優先に注力させていただければと思います。

当日、激戦が予想される場に参加して、皆様のお力になれないこと、
改めましてお詫び申し上げます。

天下分け目の決戦に参加できず非常に残念ですが、
皆様のご武運を奥州からお祈りしております。
いくさの際はまたお誘いいただければ幸いです。

以上、よろしくお願いいたします。

独眼竜・伊達政宗 <m.date@oshuu.sngk>

七本槍へ打ち上げのお誘いメール

賤ヶ岳の戦いの参加者に送る戦いの労をねぎらう会のお誘い

「賤ヶ岳の戦い」は、信長亡きあと羽柴秀吉と柴田勝家とのあいだで行われた合戦です。脚気は秀吉方の勝利となり、天下人への地盤を固めました。急な退職者が出たプロジェクトの後任者が決まった、というような雰囲気でしょうか。この戦いでは、秀吉方で功を上げた福島正則、加藤清正など七人の兵「賤ヶ岳の七本槍」も知られています。プロジェクトで頑張った主要メンバーがこの七人というわけですね。

会社のプロジェクトも合戦も、激戦のあとにはやはり「打ち上げ」を開催したいところ。メールで開催を知らせる場合は、開催場所や日時などを記載して出欠を取りましょう。当日は無礼講ですが、親しき仲にも礼儀あり。**切腹を申し付けられない程度**にお酒を楽しみましょう。

○ 翌日にいくさなどがない日を選ぶ

打ち上げの日は、翌日に重要なスケジュールがない日を選びましょう。

× 誘い忘れがないように

手柄をたてたのに打ち上げに呼ばれていない! という遺恨が残らないよう、人選には漏れがないように。

打ち上げ開催のメール

差出人：HIDEYOSHI Hashiba <hh@oda.sngk>　送信日時：天正11年5月2日 9:19:30
宛先：福島正則<m.fukushima@oda.sngk>,加藤清正<kk@oda.sngk>,
加藤嘉明<y.kato@oda.sngk>,脇坂安治<wakisaka@oda.sngk>,平野長泰<nh@oda.sngk>,
糟屋武則<kasuya@oda.sngk>,片桐且元<katsumoto.katagiri@oda.sngk>
件名：打ち上げ開催について

福島さん、加藤清正さん、加藤嘉明さん、脇坂さん
平野さん、糟屋さん、片桐さん

お疲れ様です、羽柴です。

先日は賤ヶ岳の戦い、大変お疲れ様でした。
皆様の活躍のおかげで無事、柴田勝家を退けることができました。

この度の勝利はみなさまのご尽力、特に七本槍の皆様の活躍のおかげです。 つきましては、みなさんの労をねぎらって、打ち合げを開催したいと思います。

日時: 天正11年5月6日(金曜日) 19:00～スタート
場所: うまい魚とうまいお酒のお店「槍ダイニング」近江店 - 宴なび
http://utagenavi.sngk/party/oumi/11200194441

18:40頃、みんなで城を出ましょう。
現地に直接向かわれる方は「羽柴」で予約してあります。
当日は無礼講で！

以上、宜しくお願い致します。

HIDEYOSHI Hashiba <hh@oda.sngk>
羽柴秀吉

～ 毛利氏攻略プロジェクト「中国攻め」絶賛展開中 ～
伊香郡/坂田郡/浅井郡/長浜/姫路城/ぞうり/一夜城/猿/墨俣城

合戦後に発行される給与明細の見方

合戦後の論功行賞が反映される給与明細のチェックポイント

関ヶ原の戦いのあとに行われた**論功行賞**（功績を評価してそれに応じた処遇を行う）では、徳川家康の東軍に味方した武将には加増などの褒美が与えられ、石田三成の西軍についた武将は、流罪や改易、減封に処されました。**サラリーマンにたとえるとついた上司によって給料が激しく増減したり、さらっとクビになったりする**ようなものです。

そんな論功行賞の後には現代と同じように**「明細」**が発行されていたのではないでしょうか。**首級や先陣、しんがり**などの手当や、**討ち死に保険や切腹保険**などが記載されていますので、**支給石高**と、保険や税金などでの**控除石高**を必ず確認しておきましょう。

元服武将アンケート

初任給の使いみちは？

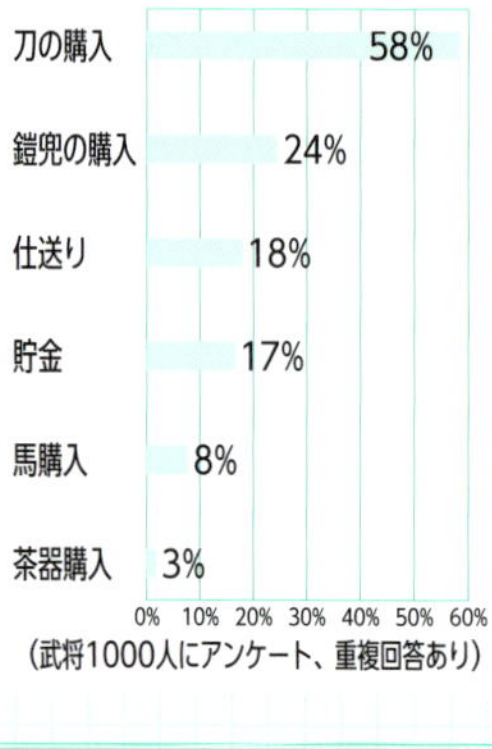

刀の購入 58%
鎧兜の購入 24%
仕送り 18%
貯金 17%
馬購入 8%
茶器購入 3%
0% 10% 20% 30% 40% 50% 60%

（武将1000人にアンケート、重複回答あり）

給与明細の例（関ヶ原の合戦で戦った場合）

①役職手当
足軽頭、弓大将、鉄砲大将、軍師、総大将など役職ごとの手当。

②首級手当
合戦であげた首級に応じて支払われる手当。数の誤記載に注意。

③寝返り手当
合戦時などに寝返りを行った場合のインセンティブ。

給与明細書（控）　慶長5 年 9 月分給与
（単位は石高）

所属コード	社員No.	氏名
EAST1	112	小早川秀秋 様

支給額						
基本給	役職手当	首級手当	寝返り手当	突撃手当	旗持ち手当	
360,000	12,000	0	1,200,000	0	0	
先陣手当	しんがり手当					支給額合計額
0	0					1,572,000

控除額						
討ち死に保険	切腹保険	隠居年金	隠居年金基金	主従保険	武将保険	
32,000	12,000	8,000	4,000	12,000	30,040	
家禄税	居城税					控除合計額
7,900	23,000					128,940

勤怠		時間外合戦時間						遅参・早退			
合戦日数	合戦時間	籠城	[illegible]	待ち伏せ	有給日数	公休日数	欠勤日数	回数	時間	振込額	差引支給額
10	34	0	0	0	0	0	0	1	5	1,443,060	1,443,060

摘要

④討ち死に保険
合戦時に討ち死にした場合の保険。武将は必須で加入が必要。

⑤切腹保険
切腹する際に必要な介錯人への費用などの保険。

⑥遅参数
合戦に遅参した回数。加増・減封に影響があるので数を確認。

◎差がつくビジネスの知識

雑談力アップの早見表

雑談で隙間時間を有効活用する武将力アップのトークのコツ

「雑談力」はサラリーマンとして重要なスキルですが、戦国時代の場合はどうだったのでしょうか。合戦の合間や評定の待ち時間など、ちょっとした隙間時間にまわりの武将や大名とする雑談。立身出世のための人脈作りや、合戦時の援軍要請などの関係づくりのために、意外と重要だったのではないでしょうか。

合戦の裏話や、下克上の噂も雑談によって知ることができますが、一方で秘密の談合や謀反についての噂は、ときにセンシティブな話題となり、叛意を疑われる陽院にもなるので注意が必要です。

雑談の場で話題が見つからなかったり、微妙な空気になってしまわないよう、シーンごとの「雑談のネタの早見表」で学んでおきましょう。

初対面の武将の場合

初対面の武将の場合は、相手に踏み込みすぎず、当たり障りのない無難な話題を選びましょう。

天気の話	どんな刀使ってる？
茶道の話	好きな刀は？
句の話	好きな刀工は？
能の話	好きな草履は？
鷹狩の話	好きな着物の柄は？
年末年始どっか行った？	好きなお城は？
地元はどこ？	好きな鎧は？
地元で有名な城は？	好きな馬は？
地元の名産は？	好きな兵糧食は？
今年の収穫高は？	好きな変わり兜は？

評定シーンの場合

ある程度面識のある武将と評定などの場面で会った場合は、多少、相手に踏み込んだ内容でもOK。

前職は？	好きな調略は？
出家歴は？	好きな大名は？
君主への仕え歴は？	一揆見たことある？
好きな内政は？	最近あった同盟話
名物家老っている？	お家騒動の経験は？
幼名は？	関ヶ原でどちらについた？
元服どうだった？	上洛したことある？

合戦シーンの場合

合戦の場面では気持ちの昂ぶりもあるので、平時では話せないような話題も選んでみましょう。

あげた手柄は？	好きな布陣は？
怪我歴は？	好きな武器は？
これまでの首級は？	火縄銃はアリ？ナシ？
負けいくさの話	下克上やったことある？
籠城したことある？	謀反したことある？
最長籠城記録は？	焼き討ちどう思う？
しんがり経験は？	誰が天下統一すると思う？
旗持ち経験は？	信長ってどうなの？

チェックポイント

初対面の相手に下克上の話はNG!

うっかりあなたが下克上したい相手と交流がある場合も。初対面で下克上話は避けましょう。

しかみ面の場合は話題を変える

相手がしかみ面になった場合は、深追いはNG。すぐに話題を変えましょう。

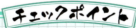

◎番外編　余暇を有効活用

社内サークル活動のチラシを作成する

時には仕事を忘れてリラックス
サークル活動で充実戦国ライフ

群雄割拠の戦国時代。城やいくさ場に出勤して日々忙しく働く毎日のなかで、ときには仕事だけでなく、ちょっとした趣味を仕事仲間と一緒に楽しむのも良いかもしれません。いわゆるサークル活動ですね。

能や茶、句、鷹狩りなど、共通の趣味を介してコミュニケーションをとることで、武将生活のなかでリラックスできる時間を設けられるだけでなく、合戦や軍議以外の場でのつながりや、人脈を広げることができるというメリットもあります。

サークル活動を行う場合は、上長や大名などに許可をとり、チラシや矢文などを使って領内の城などで告知を行ってみましょう。

趣味のおかげで、窮地で意外な人からの加勢があったり、思ってもみなかったところで取り立てられたり、なんてこともあるかもしれません。

茶道サークルのメンバー募集チラシ

千利休

茶道サークル
メンバー大募集!

みんなで楽しくお茶を楽しみませんか?

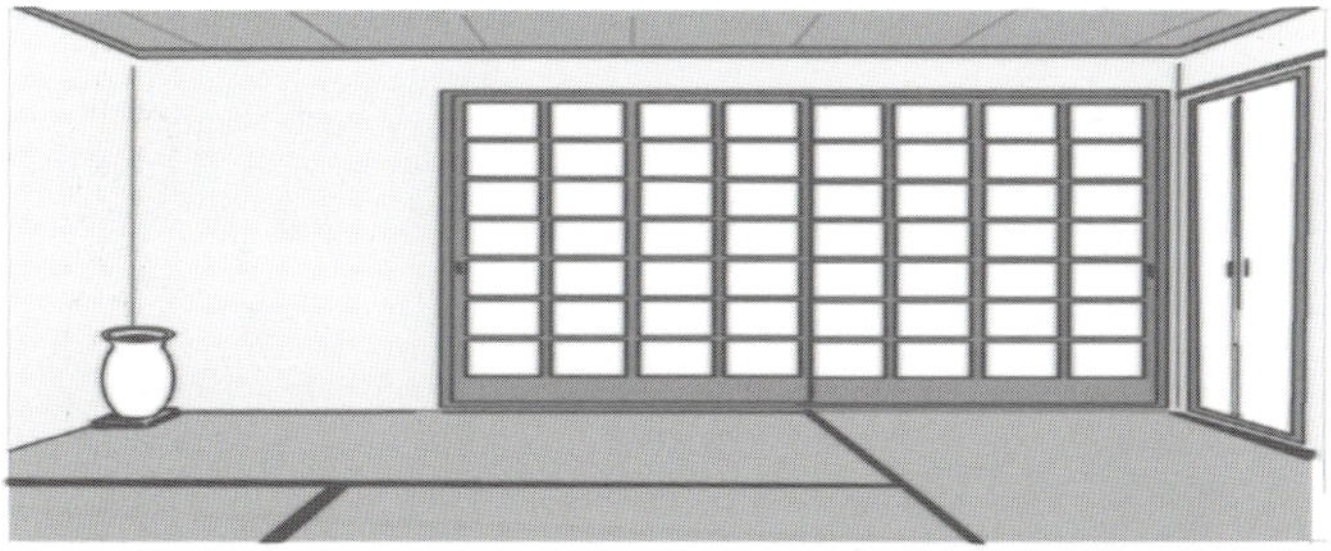

お茶の楽しみ方や味わい方、新しいティースタイルなどをみんなで楽しく研究するサークルです。仕事の疲れも取れます!
初心者大歓迎♪身分問わず♪随時募集中♪

〜こんな人は大歓迎〜
★とにかくお茶が大好き!
★お茶だけでなくスタイルにも拘りたい!
★茶碗など茶道具にも興味がある!
★お茶会のルールを学びたい!

〜活動日〜
毎週 月・水・金

〜連絡先〜
茶道事業部・千利休

コラム：その7

title:

小豆の袋で気持ち伝わる

織田信長の妹・お市の方が金ヶ崎の戦いの際に、挟み撃ちの危機に陥っていた信長に、袋の両端を縛った「小豆の袋」を陣中見舞いとして送り、兄に危機を伝えたという逸話。凄い話です。

もし両端を縛った小豆の袋が自分に届いても「あ､小豆の袋だな」としか思わない気がしますし、袋を抱えながら、あっさり挟み撃ちにあって滅ぶだろうなと思います。

そもそも小豆の袋で伝えようとするお市の方の発想が凄いですし、それをきっちり読み解ける信長も輪をかけて凄い。伝言ゲームに信長が参加したら、どれだけ途中で脱線しようと、最後にきっちり伝言が成功する気がします。「ん〜、挟み撃ちにあう?」「信長チーム、正解!」と。

小袋ひとつでこれだけの情報が伝わるのであれば、大袋レベルになると「部下が懐で草履を温めてくれて嬉しかった」とか「いま部下に謀反を起こされて燃え盛る寺の中で敦盛舞った後に切腹しようとしてる」くらいの情報を伝えられそうな気がします。2人がすごいというよりかは、袋がすごいんですかね。

第4章

天下人になるための スキルアップの方法

夢は大きく、
天下人を目指して成長するには

◎チェックリストで考えてみよう

上司と部下のための下克上チェックリスト

下克上する側・される側、チェックリストで状況を整理

戦国の世で出世に必要な**「下克上」**。ビジネスと同じように、下克上を成功させるためには、事前の準備が非常に重要ではないでしょうか。場当たり的な対応ほど、結果にっちもさっちもいかなくなるのは今も昔も同じかもしれません。

通常は一か八か命をかけて起こすことの多い下克上も**チェックリスト**を作成することで、スムーズに成し遂げることが可能になります。次のページのチェックリストでは、「事前情報の把握」「当日の流れ」「事後の対応」などを中心に下克上を起こす際のチェック項目をご紹介しています。

相手方と自身の配下の手勢の数は、念入りに確認しましょう。また準備だけでなく、**「本当に下克上を起こしたいのか？」**という自分の気持ちについても、あらためて確認してから下克上に臨みましょう。

また、謀反を起こされた側も、慌てずにチェックリストを確認しながら対応を行いましょう。

部下のための下克上チェックリスト

下の項目をすべてチェックしてから下克上に臨んでください。

□対象の大名・武将の警備が手薄である
□対象の大名・武将より自身の手勢が多い
□対象の大名・武将に下克上の気配を感づかれていない
□対象の大名・武将が謀反を起こせる距離にいる
□当日の流れをリハーサルした
□下克上を行った後の近隣大名の動向を予想した
□国を運営していく準備や自信がある
□妻や親族に下克上について相談した
□自分は出世したいと感じている
□下克上の成功に確信がある

上司のための下克上チェックリスト

下克上にあった場合は以下の項目をすべてチェックしてください。

□本当に下克上であるかを確認した
□だれが下克上を起こしたかを確認した
□部下に下克上への一次対応を指示した
□「是非に及ばず」の台詞を言った
□自身も槍や弓などで応戦した
□自身の逃げ道の有無を確認した
□女房衆などに逃げるように伝えた
□滞在中の寺などに火が放たれた
□辞世の句を残した
□敦盛を舞った

三本の矢のプレゼン前にするチェックリスト

〝矢を折る〟プレゼン前に必要な準備と確認のポイント

毛利元就の「三本の矢」。3人の息子たちに宛てた元就の文書「三子教訓状」がもとになった逸話です。「1本では簡単に折れる矢も、3本まとめると簡単には折れない。3人が結束して毛利家を守ってほしい」というものですが、現代のサラリーマンにも共通する教訓ですね。ツイッターに投稿したら**まずまずバズりそうです**。

息子たちの前で矢を追ってみせる、1本と3本の矢の折れにくさ説明するなど、実際にやってみると**意外と手順が複雑**な「三本の矢」。チェックリスト化することで、事前の準備や当日の流れをわかりやすくすることができます。また道具の準備だけでなく、当日の流れを事前に必ず通しで練習し、**家臣や家老などを前にリハーサルを行う**なども効果的です。

また、予備の矢も忘れずに準備しましょう。

毛利元就のプレゼンテーションの場合

3本の矢を折る前のチェックリスト

矢を折る際は以下の項目をすべてチェックしてください。

□跡継ぎや息子にゆずる資産や領地を持っている

□跡継ぎ候補や息子が複数人いる

□近々に引退・隠居を検討している、またはした

□最初に折る用の矢を用意した

□最後に折れない用の矢を用意した

□実際に矢が折れるか事前に確認した

□実際に矢が折れないか事前に確認した

□全体の流れを一通り予行練習した

□部下や息子を目前などに集合させた

□部下や息子の人数と矢の本数が合っているか確認した

こんなときどうする？

矢がなかなか折れない！

矢を折るのに手間取ると説得力がなくなりますので、程よい硬さの矢を用意しましょう。

プレゼンの相手が２人兄弟

２本の矢の場合「折れにくさ」が伝わりにくい場合がありますので注意してください。

三段撃ちのチェックリスト

複雑なステップを整理整頓して〝三段撃ち〟を確実に行う

織田信長が長篠の戦いで行ったとされる「三段撃ち」。火縄銃を持った部隊が列をなし、入れ替わり立ち替わり銃を撃つという戦法です。実際に三段撃ちが行われたかについては諸説あるそうですが、ＡＴＭに並ぶ、レジに並ぶ、ディズニーランドで並ぶ等々、並び好きの日本人の原体験がこの三段撃ちなのかもしれません。

一方で、当時最先端の武器である火縄銃を用い、しかも三段撃ちのような複雑な手順を行うわけですので、現場の担当者が三段撃ちを運用する際には、チェックリストが必要ではないでしょうか。

三段撃ちを行うための事前の準備、撃つ前の確認事項、実際に三段で撃つフローなどを、項目ごとにまとめていきましょう。

雨など、天候にも注意!

火縄銃に雨は大敵。合戦当日の空模様には注意を払っておきましょう。

銃と撃ち手の人数を揃える

銃が余ったり撃ち手が余ったりしないように、両方の数を揃えましょう。

長篠の戦いにおける織田信長の場合

三段撃ちのチェックリスト

三段撃ちの際は以下の項目をすべてチェックしてください。

□火縄銃を3丁1セット以上用意している

□撃ち手が火縄銃と同数揃っている

□撃ち手が3人一組のグループに分かれている

□撃ち手の三段撃ちの順番が確定している

□合戦場に雨が降っていない

□一人目の射撃準備ができている

□一人目の射撃が完了した

□二人目の射撃準備ができている

□二人目の射撃が完了した

□三人目の射撃準備ができている

□三人目の射撃が完了した

担当者へのアドバイス　ひと工夫で三段撃ちがもっと楽になる!

●ベテランと新人を組み合わせる

⇒三段撃ちのグループに、ベテラン、中堅、新人のメンバーが入るようバランスが取れた配置を行いましょう。

●火縄銃の魅力を伝える

⇒上達にはまずは「火縄銃を好きになること」が重要。銃の面白さや、種子島に流れ着いたポルトガル人のストーリーなど、銃の魅力を伝えてあげましょう。

いくさと日常業務を評価する人事考課

武将としてのパフォーマンスを考課表で項目ごとに評価する

会社員の業務成績や能力などを評価するときに用いられる「人事考課シート」。一般に職種ごとに評価項目を決めていくわけですが、武将の場合は平時や合戦時などの場面に応じた評価項目が設定されていたのではないでしょうか。

合戦は得意だけど内政はダメな体育会系の武将、人付き合いは苦手だけど戦略を考えるのは得意な理系軍師、お酒の席でものすごいパフォーマンスを発揮するムードメーカー足軽などなど。配下の武将の様々な一長一短を、大名たちは評価しなければなりません。

被考課者は、人事考課シートによって自分の評価を客観的に知り、より明確に立身出世を目指すことができます。また考課者側は部下の一定の基準で評価し、取り立てるときの参考にできます。

次のページでは木下藤吉郎の考課シートを例に見てみましょう。

人事考課シートの例

人事考課シート

被考課者

氏名	所属・国	評価期間
木下藤吉郎	織田氏	天文23年　上期

評価

評価項目	評価内容	評価（S〜D）
共有	君主などの上長に報告・連絡・相談を行っている。	B
慣行	合戦のルール、慣行などを遵守している。	A
内政	領地内の収穫量を向上させている。	B
時間	合戦時間の定刻前に到着している。	A
応用力	不意の裏切りが発生しても、解決することができる。	S
武器	火縄銃などの武器を導入している。	C
籠城	籠城などへの備えを行っている。	B
協調性	合戦でほかの武将と連携して行動できる。	C
跡継ぎ	お家が断絶しないために跡継ぎなどを検討している。	C
責任	トラブルなどに対し切腹する姿勢を持っている。	B
謀反	謀反などを起こしていない。	A

総評
草履取りの業務を中心に期待したパフォーマンスを発揮している。 草履を懐で温めるなどオリジナルの施策も提案できている。 立身出世に向けて高い意識を持ち業務に積極的にコミットできている。 一方で自身の立身出世のみにフォーカスしすぎる傾向が見受けられる。

考課者
織田信長

チェックポイント

首級も評価やボーナスの対象に

敵の首をとった場合は上長に積極的にアピールして、評価してもらいましょう。

評価側は合戦と平時のバランスを

人事考課では合戦での能力と内政での能力の評価のバランスをとりましょう。

◎ステップアップのルール

人事発令フォーマットの見方

征夷大将軍に任命された場合に発行される発令書類の実例

徳川家康が江戸幕府を開いた時に就いた「征夷大将軍」。その後は徳川家が代々将軍の座に就くわけですが、古くは坂上田村麻呂、源頼朝、足利将軍家などが征夷大将軍を務めてきました。今風に言うとCEOみたいなものでしょうか。

そんな征夷大将軍の任命・就任にあたってはやはり「辞令」の書類があったのではないでしょうか。サラリーマンの場合は昇給や昇進、任命、

配属移動などが辞令として書面やメールなどで発行されますが、戦国時代には征夷大将軍の任命だけでなく、加増、安堵、改易、減封といった処遇や、「どこそこを攻略しろ」といった発令も神でだされていたのかもしれません。

たとえば、征夷大将軍への任命や中国毛利攻めの辞令はこのような書面になります。

征夷大将軍の人事発令

辞令

徳川家康 殿

慶長八年二月十二日をもって、征夷大将軍を任じます。

よりいっそう征夷大将軍としての職務に励み、今後も一層精励されることを切望します。

慶長八年二月二日

藤原北家日野流
公家　藤原朝臣兼勝

中国攻めの人事発令

人事発令

羽柴秀吉 殿

天正四年七月一日をもって、毛利氏攻略を目的とした中国攻めを任じます。

織田氏の方面軍として、よりいっそうの職務に励み、天下統一にむけて今後も一層精励されることを切望します。

大正四年二月二日
織田信長

◎ステップアップのルール

履歴・職務経歴書の書き方

他国に転職するときに必要な履歴書を書く際のポイント

黒田官兵衛といえば、織田信長、豊臣秀吉、徳川家康の元で活躍した武将のことですね。通称の官兵衛のほか孝高、剃髪後の号・如水の名でも知られ、大河ドラマにも描かれた人気の武将です。「三英傑に重用されながら、その才を恐れられた天才的な軍師」という中学生が考えてしまいそうなキャラ設定を地で行く人物です。

官兵衛は様々な主君の元を渡り歩くわけですが、現代風に言えば「転職」。やはり新しい国に出向く際には「履歴書」を持参したのではないでしょうか。履歴書には、これまでの来歴と主な戦績を記載し、さらには過去の役職や拝領した領地、石高の実績、隠居歴などを記載します。顔写真については、しっかりと顔がわかる肖像画や絵巻物を使いましょうなるべく知的な表情のものがおススメです。

○ 戦績などは抜粋して記載する

合戦などでの実績は抜粋して功績を記載しましょう。

○ 氏名の変更を記載する

出家や隠居によって氏名が変わった場合は、その旨、必ず記載しましょう。

履歴書・職務経歴の見本（黒田如水の場合）

No.

履 歴 書

天正17 年 6 月12 日現在

ふりがな	くろだ じょすい	
氏 名	黒田如水（孝高／官兵衛）	男・女（男に丸）
生年月日	天文15 年 11 月 29 日生（満 43 歳）	
ふりがな	ぶぜんくになかつ	
現住所 〒	豊前国中津キャッスル中津 401	
（電話）		（携帯）
（E-mail）	kuroda@buzen.sngk	

年	月	学歴・職歴
天文15年	11月	播磨国姫路生まれ
永禄10年	2月	小寺家家老ならびに姫路城代 就任
天正6年	10月	有岡城にて幽閉
天正8年	1月	織田家臣として秀吉氏与力 就任
天正8年	8月	揖東郡福井庄 1万石 拝領
天正12年	7月	播磨国宍粟郡 5万石 拝領
天正15年	7月	豊前国6郡 12万石 拝領
天正17年	5月	隠居、現在に至る
		主な戦績
天正9年	6月	鳥取城、兵糧攻めを行う
天正10年	5月	備中高松城、水攻めを行う
天正10年	6月	中国攻め、毛利家と和睦業務、中国大返しの進言
天正13年	5月	四国攻め、軍師として参戦
天正14年	4月	九州征伐、軍師として参戦
		以上

◎ステップアップのルール

天下統一の事業計画書の作り方

下克上する人に必要なエグゼクティブ・サマリー

「天下布武」とは 日本を武力で統一するという織田信長の意志を示した言語であり、政策のことです。その言葉のもとに信長は全国で合戦を繰り広げ、領土を広げていくわけですが、今でいうところの社是だったり経営理念だったり所信表明のようなものでしょうか。ものすごく武闘派の社是ですが。

また全国を統一するという一大事業ですので、やはりその計画や概要を示す資料「事業計画書」が必要になってくるのではないでしょうか。朝廷から公認を受けたり、公家からの資金調達を受ける際にも事業計画書は必要です。下克上や立身出世を志す際には必ず用意しておきましょう。

天下統一を目指す際には、競合他武将との明確な差別化も意識し、他国の情報収集・調査などを入念に行ったうえで作成を進めましょう。

次ページでは事業計画書のサマリー（要旨）の具体例を紹介します。

事業計画サマリーの見本

織田家 エグゼクティブ・サマリー

▶事業ビジョン

天下統一を目指し、戦国の乱世を平定する

▶事業背景/参入意義

武力による権力争いによって、大名配下の農業等を生業とする領民の疲弊が常態化している昨今、民に太平の世を提供する。

▶事業概要

「天下布武」をコンセプトに、武力をもって天下統一すること、武家の政権をもって天下を支配する事業を行う。

▶市場性

天下の人口規模 12,000,000人
応仁の乱以降の増加率 150%成長

▶顧客対象

天下泰平を願う全国の諸大名・武将・農民など

▶強みの活用

先端的な火縄銃を用いた三段撃ち戦略

▶差別化ポイント

楽市・楽座による自由市場経済の導入

織田信長

チェックポイント

競合武将の調査は必須

天下統一に乗り出す前に、全国の競合となる武将の調査は必ず行いましょう。

石高や城の数などKPIを明確に

天下統一を進めるにあたり、明確なKPIを設定して覇道の道を歩みましょう。

◎ステップアップのルール

戦国シーンで使える最新ビジネス用語

難しい…？　カッコいい…？　最新の南蛮用語を使いこなす

現代のビジネスマンの間で使われる様々な横文字。ビジネスシーンで「それっぽく」見せる効果も高い横文字系の擁護ですが、戦国時代も同じようなノリはあったのではないでしょうか。南蛮渡来の用語を使いこなすことでグローバル感を醸し出す意識の高い系の武将も数多くいたことでしょう。

たとえば現在つかわれている横文字が、戦国時代に既に使われていたら。織田信長のような

海外志向が強かった武将などは、合戦や評定など様々なシーンで最新の南蛮用語を使いこなしていたのかもしれません。

そんな意識の高い武将や大名に遅れを取らないためにも、戦国シーンでつかえる横文字用語の一覧を使用例とともにご紹介します。

［初級］日常シーンで使う南蛮用語

用語	意味	用例
アサイン	任命、割当	家康殿を金ヶ崎の戦いのしんがりにアサインする
アジェンダ	計画、議事予定	清須会議のアジェンダに領地問題を加える
エビデンス	言質	東軍に内応するようエビデンスを取る
リスケ	予定を変更する	信玄氏の体調不良にともない上洛をリスケする
シナジー	相乗効果	本能寺の件をフィックスして、天下統一へのシナジー効果を得る
ジャストアイディア	思いつき	ジャストアイディアで謀反を起こす
スキーム	枠組み、計画	刀を集めて、仏像の釘にすると同時に兵農分離を進めるスキーム

［中級］いくさシーンで使う南蛮用語

用語	意味	用例
タスク	課題	安土城の築城で縄張奉行、石奉行にタスクを割り振る
デファクト（スタンダード）	標準化、基準	火縄銃が合戦のデファクトになりつつある
ドラスティック	劇的な	本能寺の変から３日でドラスティックな展開になった
ナレッジ	有益な知識	草履を効率よく温めるナレッジを共有する
バッファ	余分、余裕	送ってもらう塩の量はバッファを持っておく
パラレル	同時並行	本能寺と二条城でパラレルに謀反を進行する
フィードバック	分析・改善の報告	検地結果の報告に対してフィードバックを行う

［上級］これを使うと頭がよさそうな南蛮用語

用語	意味	用例
フィックス	最終決定、確定	次の当主をフィックスする
フェーズ	段階	川中島での戦いは第1～5フェーズに分けて実施する
ローンチ	立ち上げ、開始	天下布武をローンチする
ブラッシュアップ	完成度を高める	千利休と茶会の内容をブラッシュアップする
ペルソナ	ユーザー像	関ヶ原で裏切る武将のペルソナを想定する

ワンポイントアドバイス

便利で格好もつく南蛮用語ですが、南蛮渡来だけに、使いすぎると本来意図しようとしていることが伝わりにくくなる可能性も。たとえば「本能寺の件をA.S.A.Pでフィックスして、謀反による天下統一へのシナジーを創出」「刀狩りでは仏具への転用を農民へのベネフィットとし、兵農分離へのイニシアチブを取る」のように、やたらと使いすぎないよう注意しましょう。

軍師業務を打診するメール

実際に先方を訪問できない場合はメールで打診を行います。お願いする業務の内容や期間、給与などの諸条件を明記し、条件の調整の余地がある場合はその旨を添えて、先方の希望などをヒアリングしましょう。

〝栗原七度通い〟で業務打診 在野の武将の誘い方

「栗原山中七度通い」とは、豊臣秀吉が美濃随一の軍略家といわれていた竹中半兵衛を軍師として招くため、栗原山にあった半兵衛の庵を七度訪ねた、というエピソードです。三国志で有名な**「三顧の礼」**に影響を受けた創作とも言われていますが、三国志では三回だったものが、**さらっと七回に増えている**あたりが**素敵です**。

この「栗原山中七度通い」のように、他国や在野の武将、軍師などに業務をお願いするとき、

○ 再打診は7度前後までを目処に

打診してよい返事を得られなかった場合、再打診は7度程度までにしましょう。

○「よろしければ」といった姿勢で

打診の場合は、権力がある状態であっても、「お願いする姿勢」を忘れずに。

「栗原山中七度通い」を例にした業務打診のメール

差出人：HIDEYOSHI Hashiba <hh@oda.sngk>　　送信日時：永禄10年6月1日 12:50:11
宛先：竹中半兵衛様 <all@oda.sngk>
件名：Re: Re: Re: Re: Re: Re: Re: Re: 軍師就任の打診について

竹中様
お世話になっております、織田家家臣の羽柴です。

度々のご連絡失礼致します。

先日ご連絡さしあげました、織田家へのご協力について
その後いかがでしょうか？

弊国の目標であります「天下統一」を実現するにあたり、竹中様の
お力を、ぜひとも弊国で発揮していただきたいと
思っております。
弊国代表の織田を含めまして、竹中様のご参画を心待ちにしております。

- ご依頼内容について
業務内容：織田家での軍師業務
期間: 永禄10年から天下統一まで
報酬: 基本給+出来高

登用にあたっての諸条件については すでにお伝え済みでございますが、
禄や石高についてもご希望があれば仰ってください。

個人的にも、ぜひ竹中様といくさなどで
ご一緒できればと考えておりますので
なにとぞ宜しくお願い致します。

HIDEYOSHI Hashiba <hh@oda.sngk>
羽柴秀吉

～ 毛利氏攻略プロジェクト「中国攻め」絶賛展開中 ～
伊香郡/坂田郡/浅井郡/長浜/姫路城/ぞうり/一夜城/猿/墨俣城

幕府移転のお知らせメール

メール等で「移転のお知らせ」を行うのが一般的です。江戸幕府の開府も同じようにメール等で関係各所に連絡しましょう。

移転先や開府する場所の情報、時期、併せて体制の変更等があればそれも記載し、移転先への来訪を勧める文言も添えるのがマナーです。

江戸幕府を開府する際に送る関係先への〝お知らせメール〟

1603年、徳川家康が江戸に開いたのが「江戸幕府」です。室町時代に幕府の機能があった京都から考えると、京都から東京ですから結構な移動距離です。当時も、「そこ?」というリアクションが多かったかもしれません、現代なら東京から海外に首都が移動するくらいの感覚でしょうか。**インドとか。**

現代のビジネスシーンにおいても、会社の場所が移転した場合には、関係者や同盟国などに

◯ メールの一括送信はBccで

武将や大名のメールアドレスが表示されないように、送信はBccで送りましょう。

◯ 参勤交代などの情報共有も

移転や開府に伴い、参勤交代などが発生する場合は、併せて案内しましょう。

江戸幕府開府のお知らせメール

差出人：徳川家康<ieyasu@tokugawa.edo>　送信日時：慶長1月5日 12:19:30
宛先：徳川家康<ieyasu@tokugawa.edo>
件名：江戸幕府、開府のお知らせ
添付：江戸幕府開府のおしらせ1603.pdf

関係者各位※一斉配信のためBccで失礼いたします

貴国ますますご隆盛のこととお慶び申し上げます。
平素は格別のお引立てを賜り、誠にありがとうございます。

このたび、室町時代に開府されておりました室町幕府に変わり、
江戸において江戸幕府を開府することをお知らせ致します。

戦国時代に天下統一と果たしました「徳川家」が、
武蔵国江戸において中央集権的武家政権となる「江戸幕府」を
開府いたします。
また開府にともない、弊家代表の徳川家康が征夷大将軍に就任
いたします。

開府後もこれまでどおり変わらぬご愛顧を賜りますようお願い
いたします。
また、数年に一度は参勤交代でぜひ江戸にお立ち寄りください。
お近くにお越しの際にも、是非お立ち寄りください。

<新幕府>
住　所： 武蔵国江戸
征夷大将軍: 徳川家康
開府時期: 慶長8年2月12日

_/
徳川家康<ieyasu@tokugawa.edo>
IEYASU TOKUGAWA
征夷大将軍 / EDO BAKUFU CEO
_/

一夜城築城の進捗ヒアリングメール

「一夜城」はどこまでできた？　進捗を確認するメールの作法

織田信長が美濃を攻めた際、家臣の木下藤吉郎が短期間で墨俣に城を築いた、というのが「墨俣一夜城」のエピソードです。一夜とは、実際には「わずかな期間で」の意味で、真偽も諸説ありますが、サラリーマンとしては「一夜で城を作れ」と言われた側の気持ちを想像すると胸が痛みます。「一夜城」と呼ばれる同じようなエピソードはほかにもいつくか存在するようなので、今も昔も変わらずブラック企業のような大名が意外と多かったのかもしれません。

一夜城のように納期が厳しいプロジェクトでは、進捗の確認が重要です。全体を統括する総奉行から、普請奉行、縄張奉行、石奉行、瓦奉行など各担当メンバーに、メールやミーティングの場で定期的に進捗を確認しましょう。

○ 納期は常に明記する

一夜城など納期が明確にある場合は、進捗確認時にも必ず明記しましょう。

○ 納期が間に合わない場合は早めの相談

間に合いそうにない場合は、先方や君主に早めの情報共有を心がけましょう。

一夜城築城の進捗ヒアリングメール

差出人：木下藤吉郎 <t.kinoshita@oda.sngk>　　送信日時：永禄10年6月1日 3:50:11
宛先：一夜城プロジェクトチーム <team_sunomata@oda.sngk>
件名：進捗について
添付：一夜城進捗10061.xls

皆様
お疲れ様です、木下藤吉郎です。

先日より進行しております、
墨俣の一夜城プロジェクトですが、進捗はいかがでしょうか？

各担当で現時点での進捗報告を、
このメールに返信する形でお願いします。
（4:30までに返信ください）

規模納期が一夜（永禄9年9月21日AM7:00まで）ですので
日の出までの築城がマストになります。
（スイマセンがここは調整が難しいです）

私の方で把握している、
現状の未実装項目をエクセルにまとめました。
こちらもご確認ください。

今回の案件は美濃攻略にあたり、
非常に重要な拠点となりますので、
みなさま何卒よろしくお願いいたします。

以上、宜しくお願い致します。

木下藤吉郎 <t.kinoshita@oda.sngk>

将軍の送別会へのお誘いメール

足利義昭が追放される場合に〝送別会の開催メール〟を送る

室町幕府の**最後の将軍・足利義昭**。織田信長とともに上洛し室町幕府の将軍となりますが、最後はその織田信長から京都を追放されてしまいます。信長と義昭は、上洛から追放までの間も、仲が悪くなったり仲直りしたりと、**ラブコメのような展開**を繰り広げます。最終的には義昭が「信長包囲網」とよばれる反信長連合を敷くにまで至るわけです。

義昭の追放以外にも、戦国ビジネスシーンでは、別の国への転封や移封、国替え、出家、島流しなどの別れのシーンがあります。そんなときは**「送別会」**を開催して見送ってあげるのがマナー。当人と参加者へは、開催場所、日時、当日の進行などをメールで知らせ、かんたんなプレゼントも用意しておきましょう。

○ 落ち延びる先などは個別に

落ち延びた後の庇護先や出家先などはメールで共有せず個別に聞くのがマナーです。

○ 経緯はともかく最後は気持ちよく!

それまでの経緯などは脇において、最後は気持ちよく送別することを心がけましょう。

送別会開催のメール

差出人：N.Oda <nobunaga@oda.sngk>　送信日時：天正2年3月21日 17:50:01
宛先：織田氏 全軍ML <all@oda.sngk>
件名：足利義昭さん送別会開催のお知らせ

関係者のみなさま
お疲れ様です、織田です。

足利将軍家の足利義昭さんですが、
今月で京都を離れられることになりました。

つきましては、送別会を開催したいと思いますので、
以下のURLから参加・不参加をご記入いただけますでしょうか？
http://chouseisan.sngk/15730321140221

開催日時
天正2年3月26日(金) 18:00スタート

場所
京近くの屋敷等を予定
入力については来週「25日(木)18:00」までにお願いします。

義昭さんを擁して上洛を果たして以来、
天下統一にむけてリーダー的な役割を果たしてこられましたので
仕事上でかかわりのあった方は ぜひご参加いただければと思います。

以上、宜しくお願い致します。

_/
織田信長
NOBUNAGA Oda <nobunaga@oda.sngk>
天下布武・第六天魔王・うつけもの・三段撃ち
_/

退職する人への心遣い

さよなら天正遣欧少年使節 同僚の送別会を開催するには

天下人の変わり目は別れの季節。天下を制する人物が変わると、方針や政策が刷新されたり、これまでの陣容が交代になったりして、新しい面子が歴史の表舞台に登場すると同時に、表舞台から去っていく人々もいます。

領地の変更などで遠方に転属する場合や、島流しなどで僻地に流されてしまうなど、日本各地の様々な場所に赴く人がいるわけですが、距離的にもっと遠い「海外」へと旅立つケースもしばしばあります。

キリシタン大名の名代として欧州など海外への出張や派遣をされる方がそれにあたりますが、期間も長期に渡るため、同僚が使節などで派遣されたりすると、寂しさもひとしおです。

交流があった方が派遣される場合は、送別会や壮行会などを開いて、労をねぎらったり旅立ちを激励するのがおすすめです。また花束や寄せ書きなども一緒に贈ると、記念になってよいのではないでしょうか。

寄せ書きを集めた色紙の例

マンショ君
名代として欧州へいって
も頑張ってください！
大友宗麟

向こうでも 張ってください！ミゲルと仲良くね！
大村純忠

セミナリヨ、お疲れ様でした。
新天地でのご活躍を祈っております
有馬晴信

欧州で様々な経験を積
んで帰ってきてください。
ありきたりですが「頑張
れ！」　羽柴秀吉

欧州でもガンバ！！一条

セミナリヨお疲れ様でした。これか
らはもっと広いフィールドでの活躍
を期待しています。ヴァリニャーノ

いとうマンショくんへ
はばたけ！きらめけ！

はばたけよ〜
ジュリアン

お疲れ様でした〜！
日本に帰ってきたら飲みましょう！
伊東義益

新しい職場でのご
活躍、期待してお
ります。田中

伊東くんへ
今回はご一緒できなくて残
念ですが！いつかぜひ使節
でご一緒できる日を楽しみ
にしております　伊東祐勝

ぼくが言うのもなんですが、向こう
へいってもがんばってください(笑)
これからもよろしくね〜
千々石ミゲル

おわりに

最近、発見したのですが、「歴史」という言葉をネットでカタカタと調べてみますと「人間や社会などの物事が変遷してきたありさま」と解説されています。これをよく考えますと、つまり時間が経てば経つほど「歴史」というものは増えていくというわけです。当たり前といえば当たり前ですが。

これ。歴史を面白おかしくネタにする、という活動をしている私にとって、非常にありがたい状態だなと気付きました。ネタ元（歴史）のほうがどんどん（勝手に）増えていくわけですから、論理的にはずっとネタを作り続けられる、ということになります。永久機関というわけですね。やったぜラッキー、と。これが先日の発見。

日々、仕事が終わって家に帰り、ご飯にお風呂を終えたあとで、歴史ネタをしたためているのですが、ネタ元が尽きないのであれば、まだまだこういった活動を続けられそうではあるな、と思います。初老くらいまで。

ですので。もうしばらくは皆様にこのような歴史パロディをお届けしつつ、引き続き「うっすらした笑い」くらいはご提供できればなと思ったりしております。

ご迷惑でなければなにとぞよろしくお願いいたします。

２０１６年６月
スエヒロ

スエヒロ

京都生まれ。大学卒業後に上京、エンジニアとして働く。その後、ウェブ編集者に転身。大手ウェブメディアで真面目な編集業を行う傍ら、ツイッター（@numrock）でつぶやく日本史パロディネタが人気を集める。著書に『【至急】塩を止められて困っています【信玄】』（飛鳥新社）、『豊臣秀吉を名乗る人物から刀狩りの連絡が来ました。詐欺でしょうか？』（幻冬舎）がある。

STAFF

デザイン
ナルティス
(新上ヒロシ＋原口恵理＋井上愛理)

カバー・総扉イラスト
オオヤサトル

本文イラスト
ヤス・タグチータ プレミアム

画像提供
p11、12、26、31、63の肖像画：©Bridgeman/PPS通信社

図版作成・DTP
ISSHIKI

校正
岩佐陸生

明日《あした》切《せっ》腹《ぷく》させられないための
図解《ずかい》 戦《せん》国《ごく》武《ぶ》将《しょう》のビジネスマナー入《にゅう》門《もん》

2016年7月21日　初版第1刷発行

［著者］　スエヒロ

［発行者］　川金正法

［発行］　株式会社 KADOKAWA

〒102-8177 東京都千代田区富士見 2-13-3
TEL 0570-002-301（カスタマーサポート・ナビダイヤル）
年末年始をのぞく平日9：00～17：00

［印刷製本］　株式会社廣済堂

ISBN 978-4-04-601707-9　C0020

http://www.kadokawa.co.jp/